Bibliothèque du "TUNISIEN"
ORGANE DES INTÉRÊTS INDIGÈNES

LA JUSTICE TUNISIENNE

PAR M. HASSAN GUELLATY

Avocat au Barreau de Tunis

LES ISRAÉLITES & LA JUSTICE

PAR M. A. ZAOUCHE

Membre de la Conférence Consultative

LES ISRAÉLITES TUNISIENS

PAR M. A. BACH-HAMBA

Avocat, directeur du *Tunisien*

TUNIS

SOCIÉTÉ ANONYME DE L'IMPRIMERIE RAPIDE

5, rue Saint-Charles (dans son immeuble)

—

1909

Bibliothèque du "TUNISIEN"
ORGANE DES INTÉRÊTS INDIGÈNES

LA JUSTICE TUNISIENNE

PAR M. HASSAN GUELLATY

Avocat au Barreau de Tunis

LES ISRAÉLITES & LA JUSTICE

PAR M. A. ZAOUCHE

Membre de la Conférence Consultative

LES ISRAÉLITES TUNISIENS

PAR M. A. BACH-HAMBA

Avocat, directeur du *Tunisien*

TUNIS

SOCIÉTÉ ANONYME DE L'IMPRIMERIE RAPIDE

5, rue Saint-Charles (dans son immeuble)

—

1909

Au Bon Français

L'Ami et Le Défenseur des Indigènes

Monsieur Albin Rozet

Député de la Haute-Marne

Auteur d'une proposition de loi tendant
à la Suppression de la Justice Administrative
en Algérie

Hommage respectueux.

Tunis, le 1er Novembre 1909.

PRÉFACE

Trois années se sont écoulées depuis le jour où la jeunesse tunisienne, se sentant en état d'affronter la lutte politique, a créé *le Tunisien*, organe de défense des intérêts indigènes.

Les fondateurs de ce journal, attelés à l'œuvre, ont, avec l'ardeur des convictions profondes, abordé les grands problèmes de la solution desquels dépendent le relèvement intellectuel et la prospérité matérielle de leurs compatriotes. La réorganisation de la Justice indigène tenait, à ce titre, une place prépondérante dans leurs préoccupations. Le soin de l'étudier échut à un avocat du barreau de Tunis, Mᵉ Hassan Guellaty, qui, par une pratique de six années auprès des tribunaux de la Régence, avait pu pénétrer dans les coins et recoins des Services judiciaires et en connaître le fonctionnement dans ses plus petits détails.

Dans une série d'articles parus dans *le Tunisien* et signés « Nassah », notre ami Guellaty s'est attaché à disséquer cet important organisme. D'une main ferme et sûre il a promené le scalpel dans ses plus profonds replis, étalant au grand jour les plaies et les tares. Maître de son sujet, puisant dans les ressources d'une documentation rigoureuse et d'une expérience personnelle les arguments les plus péremptoires, évitant avec un soin égal l'attaque des personnes et l'exagération des faits, il fit une œuvre de critique parfois acerbe, mais toujours sincère et inspirée par une haute conception de la justice et de l'équité.

C'est ce travail, si apprécié des lecteurs du *Tunisien*, que nous présentons aujourd'hui au public sous forme de brochure.

La question est toujours d'actualité. Elle est aujourd'hui à l'ordre du jour et nous craignons fort qu'elle n'y figure encore longtemps. Devant les revendications précises, les plaintes réitérées, les gémissements d'un peuple qui souffre de la mauvaise administration de la justice, le Gouvernement Tunisien hésite, tergiverse, temporise. Au lieu de se lancer hardiment dans la voie des réformes radicales, de chercher, par une activité intelligente et éclairée, à rattraper le temps perdu, de s'appliquer à reconstruire par la base un édifice qui croule de toutes parts, il demeure figé dans les traditions du passé qu'il semble défendre contre le flot montant et menaçant des réclamations et des clameurs.

On a néanmoins l'impression que le Dar-el-Bey est désemparé. Il sent le courant devenir plus rapide, il entend le tonnerre gronder plus fort, il prévoit que la tourmente est proche ; aussi cherche-t-il à se ressaisir. Comprenant la nécessité de jeter du lest, il abandonne certaines pratiques qui pourtant lui étaient chères.

Il veut faire quelque chose de nouveau. Mais sa gestation laborieuse n'enfante que des débris informes et bâtards.

Ah ! nous savons, certes, que la réorganisation des tribunaux indigènes n'est pas de celles qui s'accomplissent en un jour. C'est une œuvre de longue haleine qui demande beaucoup de temps et d'efforts. Nous le comprenons et nous sommes tout disposés à faire crédit au Gouvernement d'au moins une dizaine d'années pour la mener à bonne fin. Mais encore faut-il que nous voyions se manifester une volonté ferme d'entreprendre la réforme, un désir sincère de la faire aboutir !

Notre attitude à l'égard de la Direction de l'Enseignement est là pour nous justifier des accusations lancées contre nous par ceux qui cherchent à nous représenter comme un parti de turbulents, voire de mécontents aigris, critiquant tout et discréditant tout, inconscients des réalités et des difficultés présentes. Lorsque l'ancienne administration de M. Machuel, acculée enfin à la faillite, sombra dans l'abîme creusé par son imprévoyance et son incapacité, lorsqu'un nouveau Directeur, reprenant vigoureusement les rênes, déclara loyalement rompre avec les errements du passé et se mit à l'œuvre avec une compétence et une hauteur de vues auxquelles on ne nous avait pas habitués jusqu'alors ; lorsque enfin nous vîmes la Direction de l'Enseignement se transformer en une ruche laborieuse pleine du bourdonnement de commissions judicieusement composées, et dont les décisions sont immédiatement suivies d'effet, nous avons fait trêve à nos réclamations et nous n'avons pas hésité à assurer M. Charléty de notre confiance et de notre sympathie.

Telle a été notre attitude à l'égard de la Direction de l'Enseignement, telle elle sera à l'égard du Dar-el-Bey le jour où il entrera résolument dans la voie des réformes. Nous ne faisons pas de politique de personnes. Nous ne nourrissons ni haine ni rancune contre les hauts fonctionnaires du Gouvernement tunisien. Nous sommes même enclins à leur accorder largement les circonstances atténuantes. Il suffira pour cela que M. Roy se rende enfin compte qu'il y a quelque chose de changé dans la Tunisie d'il y a quarante ans ; que le progrès, en pénétrant dans ce pays, y a créé des besoins nouveaux ; que la société indigène évolue conséquemment et se transforme tous les jours, et aussi qu'il est du devoir des gouvernants de favoriser ce mouvement.

La Justice est, de tous les organismes sociaux, celui qui se ressent le plus du développement intellectuel et économique d'un peuple. Toute société qui progresse demande de nouvelles lois et de nouvelles garanties pour leur application. La féodalité se contentait du bon sens et des traditions du seigneur. Saint Louis rendait la justice sous un chêne, ne s'inspirant que de sa sagesse et de son équité. Avec le développement de la monarchie, naissent les ordonnances royales et les cours de justice. Après la Révolution apparaissent les lois, les codes et les tribunaux de tous ordres. Aujourd'hui, en Tunisie, les esprits se réveillent, les activités renaissent. Les idées françaises, en pénétrant dans ce pays, ont insufflé une nouvelle vie à ses habitants. L'instruction, l'exemple des Européens, ont commencé l'éducation du peuple. La Justice française fonctionne sous les yeux des indigènes. Ils y démêlent les grands principes qui font sa force et son prestige : l'indépendance à l'égard de l'Administration, l'application de lois codifiées, le respect de la liberté individuelle, la compétence et la haute probité des magistrats. Ce sont là des constatations qui s'imposent d'elles-mêmes à l'attention de ceux qui relèvent de tribunaux où la confusion des pouvoirs, l'absence de codes, le mauvais recrutement des magistrats en général s'unissent pour rendre possibles l'erreur, l'injustice et les abus de toute sorte.

En lisant le travail de notre ami Guellaty, on est tenté de s'écrier, parodiant un mot célèbre : O Justice ! que d'injustices on commet en ton nom !

Depuis bientôt trente ans, nous vivons sous le régime du Protectorat, considéré à juste titre comme ayant ramené l'ordre et l'organisation dans l'anarchie de l'administration tunisienne. Finances, travaux publics, enseignement ont été dotés de mécanismes perfectionnés. Seule l'Administration centrale, qui conserve jalousement la Justice sous son étroite tutelle, reste presque immuable dans le labyrinthe poussiéreux des bâtiments délabrés du Dar-el-Bey.

De temps en temps, une petite innovation, une mesure de détail vient interrompre la vie monotone du vieux sérail. En 1896, on a créé une Direction des Services judiciaires, à la tête de laquelle on a mis un magistrat français, jurisconsulte apprécié doublé d'un bon administrateur. Mais les efforts isolés du nouveau directeur, M. Berge — à qui d'ailleurs on n'accordait aucune autonomie — ne pouvaient suffire à une réorganisation complète de la Justice indigène. Il a fait ce qu'il a pu. Il a organisé, avec les éléments dont il pouvait disposer, les tribunaux régionaux ; il a commencé l'œuvre de codification par la mise sur le chantier d'un Code des obligations. Il voulait, dit-on, faire encore davantage… mais il fut appelé à présider le Tribunal mixte, et son successeur reçut une mission plus restreinte, consistant à faire fonctionner le mécanisme déjà créé, tout comme un bon chef de bureau…

Le Secrétaire général voulait rester le maître au Dar-el-Bey et se réservait le droit d'initiative… Il n'en a pas beaucoup usé.

L'organisation de M. Berge a continué à fonctionner sans grands changements pendant treize ans. Que fit M. Roy durant ce long laps de temps ? Quelles réformes a-t-il introduites dans l'administration de la Justice ? Le bilan en est facile à dresser. Il comprend un seul et unique article : la promulgation du Code des obligations, élaboré, sous la direction de M. Berge, par un savant jurisconsulte italien, M. Santillana, en collaboration avec les magistrats du Chara.

Ce travail est resté pendant six ans dans les cartons du Dar-el-Bey. En décembre 1906, on se décida à le publier. C'est une œuvre d'érudition plutôt qu'un code. En tout cas, c'était une compilation bien incomplète. Son application ne tarda pas à soulever des difficultés importantes.

Un décret du 30 juin 1907 rapporta les dispositions de la nouvelle loi en ce qui concerne l'Etat, les communes, les établissements publics et les diverses associations, collectivités ou personnes morales placées sous la tutelle ou la surveillance de l'Etat. On s'aperçut, en effet, que ses rédacteurs avaient perdu de vue, en élaborant le chapitre de la prescription, les règles fiscales établies par l'organisation financière qu'avaient échafaudée à grand'peine les Depienne, les Ducroquet et les Dubourdieu.

Ce fut le premier échec du nouveau Code. Il va bientôt en subir d'autres.

Tout d'abord, ce sont les dispositions concernant la capacité qui deviennent lettre morte. Le législateur de 1906 a voulu composer une théorie générale des obligations. Il a été amené à poser les règles de la capacité. Il a déclaré majeurs, de par la loi, l'homme à l'âge de dix-huit ans et la femme deux ans après son mariage. Mais l'Ouzara refuse d'admettre la majorité *ipso jure* et, sous prétexte de ne pas dépasser les limites de sa compétence, renvoie le mineur pourvu d'un tuteur à se pourvoir devant le cadi — seul compétent en matière de statut personnel — pour obtenir son émancipation dans la forme admise par ce magistrat, pour lequel d'ailleurs le nouveau Code est inexistant.

Un autre chapitre de ce Code tombe également en désuétude dès la première année. C'est celui relatif au partage des immeubles. Il détermine toute la procédure à suivre pour sortir de l'indivision; mais l'Ouzara invoque encore les règles de la compétence pour refuser de l'appliquer et renvoyer les demandes en partage devant le Charâ, qui les soumet à l'ancienne procédure consacrée par sa jurisprudence.

La même solution est adoptée à l'égard de l'action de *chafâ* (préemption) prévue par le Code de 1906.

Si bien qu'aujourd'hui une partie importante de la nouvelle législation, à peine née, est tombée en désuétude.

Comme on le voit, l'œuvre capitale des réformes judiciaires est loin de donner les résultats qu'on était en droit d'en attendre. C'est le sort des œuvres incomplètes qui ne se rattachent à aucun plan d'ensemble.

C'est en effet là que s'étaient arrêtés les efforts du Gouvernement. Il a fallu la campagne du *Tunisien* pour secouer, cette année, la torpeur qui règne au Dar-el-Bey.

C'est ainsi que parut le décret de janvier 1909 réglant le mode de recrutement et d'avancement des magistrats indigènes. Il est loin d'être parfait, et il renferme bien des dispositions qui ne s'inspirent guère des idées et des besoins nouveaux.

La nouvelle législation fait une place prépondérante à ceux qui ont fait leurs études à la Grande Mosquée. Cependant, ce n'est pas dans cette université archaïque et réfractaire à tout changement qu'on espère former des magistrats imbus des conceptions du droit moderne. D'autre part, la carrière de magistrat a été fermée aux juifs. C'est une singulière façon d'engager les israélites tunisiens à abandonner l'agitation en vue de leur rattachement aux tribunaux français !

Quant aux dispositions du nouveau décret relatives à l'amélioration du sort des magistrats, elles sont un trompe-l'œil. Si l'on excepte quatre ou cinq présidents et magistrats qui, se trouvant avoir des traitements inférieurs au minimum de leur catégorie, ont été augmentés, les autres membres des tribunaux indigènes n'ont bénéficié d'aucune élévation d'émoluments. L'indemnité prévue pour la connaissance du français est restée sur le papier. Et cependant, on a inscrit au budget un crédit de 90.000 francs pour améliorer le sort des magistrats tunisiens ! A quoi a été consacrée cette somme ? Nous l'ignorons, mais ce qui est certain c'est qu'elle n'est pas parvenue à ses destinataires. Nul doute qu'elle figurera dans les comptes de clôture de l'exercice 1909 comme économie réalisée par le Dar-el-Bey !

Il nous reste à signaler la formation, au mois de juin 1909, de deux Commissions chargées de préparer des projets de Codes pénal, d'instruction criminelle, de commerce, de procédure civile. Le parti Jeune Tunisien en a été soigneusement écarté.

Pourvu que l'élaboration de ces Codes ne dure pas dix ans ! Pourvu, surtout, qu'une fois promulgués, ils ne tombent pas en désuétude comme certaines dispositions du fameux Code civil !

Maintenant, nous en avons fini avec la production de M. Roy depuis la grande réforme de décentralisation de la Justice indigène opérée par M. Berge en 1896. C'est bien peu, c'est misérable !

Que de réformes pourtant auraient pu être accomplies dans une aussi longue période, si M. Roy avait compris qu'il ne pouvait pas tout faire par lui-même, que certaines entreprises nécessitent une technique spéciale, et que la division du travail, quand elle a pour base la diversité des aptitudes, est le plus grand levier du progrès !

Toute œuvre sérieuse exige des artisans éprouvés. Pour réorganiser la Justice, il faut faire appel au concours éclairé des jurisconsultes et des hommes de loi, étudier sous toutes ses formes le problème à résoudre, dresser minutieusement le plan d'ensemble, quitte à en échelonner l'exécution sur un certain nombre d'années. C'est ainsi qu'on peut obtenir une organisation homogène, à peu près parfaite. Tout cela, M. Roy ne l'a pas compris !

En même temps qu'on créait en 1896 quelques tribunaux de province jugeant au nom de S. A. le Bey, on pouvait étendre le régime de la justice déléguée à l'Ouzara, tribunal d'appel, et instituer une cour suprême pour veiller à l'application des lois et fixer la jurisprudence. La séparation des pouvoirs, sans laquelle on ne peut concevoir une bonne justice, aurait été ainsi réalisée. Mais M. Roy ne l'a pas voulu !...

Deux années, au maximum, auraient suffi pour élaborer des Codes complets : civil, pénal, de commerce, de procédure et d'instruction criminelle. Il n'y avait qu'à s'inspirer des Codes turcs et égyptiens. M. Roy ne l'a pas fait !...

Une chaire de droit aurait formé dans trois ans une pépinière de jeunes gens diplômés qui, après un stage d'une ou deux années dans les parquets et les greffes des tribunaux français, auraient fait de bons magistrats. Il n'y avait qu'à leur assurer des émoluments suffisants et un avancement régulier. M. Roy n'y a pas songé !...

Toutes ces réformes pouvaient s'accomplir en cinq ou six ans. M. Roy, au pouvoir depuis vingt ans, ne les même pas ébauchées !...

C'est donc à bon droit que les indigènes se dressent aujourd'hui pour lui reprocher son inaction et la stérilité de son administration. Et ils se retournent vers le Représentant de la France, vers celui qui est l'émanation directe du Gouvernement de la République, pour demander son énergique intervention dans la solution du problème de la justice tunisienne, qui passionne les indigènes au même titre que l'instruction et l'assistance publique, auxquelles il a déjà marqué toute sa sollicitude en confiant le soin de les organiser à deux hommes d'initiative et de grande activité, MM. Charléty et Blanc.

Nous espérons que l'étude qui va suivre éclairera sa religion et lui permettra de voir toute l'urgence des réformes que nous n'avons cessé de réclamer depuis trois ans par la voix du *Tunisien*.

A. BACH-HAMBA,
Avocat,
Directeur du Tunisien.

LA JUSTICE TUNISIENNE

LA JUSTICE TUNISIENNE

En Tunisie, deux justices distinctes et indépendantes l'une de l'autre exercent simultanément leurs pouvoirs sur le même territoire, en vertu de deux souverainetés différentes : la justice française, émanation directe de la souveraineté française, qui constitue la juridiction de droit commun dans toutes les affaires où un citoyen, sujet ou protégé européen est intéressé ; la justice tunisienne, émanation du Gouvernement beylical, qui est de droit commun pour tous les litiges s'agitant entre sujets tunisiens exclusivement.

La justice tunisienne est représentée par deux juridictions : la juridiction religieuse et la juridiction laïque.

Nous n'aurons à nous préoccuper que de cette dernière dans l'étude qui va suivre.

I. Tribunaux régionaux

Jusqu'à l'année 1896, la Régence ne comptait que deux tribunaux, ayant leur siège à Tunis : le Tribunal de la Driba et le Tribunal de l'Ouzara. Le premier, appelé aussi Tribunal du Ferik (gouverneur de Tunis), statuait sur les difficultés d'exécution des contrats de travail (khammès ou apprentis), sur les cas d'emprisonnement pour dettes et encore en matière de contraventions, mais seulement dans la circonscription de Tunis.

Le deuxième avait une compétence matérielle et territoriale beaucoup plus étendue : composé de secrétaires recrutés parmi les cheikhs de la Grande-Mosquée, l'Ouzara instruisait toutes les affaires correctionnelles, criminelles, civiles et commerciales qui lui étaient soumises, de tous les points du pays, soit par les caïds, soit directement par les parties ; mais ce tribunal, à compétence illimitée, *ne jugeait pas*.

C'est qu'en effet le Bey, qui avait fait d'importantes concessions de juridiction aux puissances européennes, et notamment à la nation protectrice, avait cependant formulé des réserves expresses au profit de son pouvoir juridictionnel sur ses sujets ; sa souveraineté intérieure, nullement éteinte par le Protectorat, mais circonscrite à l'égard des justiciables des tribunaux français, était illimitée à l'égard des Tunisiens.

Aussi le Tribunal de l'Ouzara, fonctionnant sous le régime de la *justice retenue,* se bornait-il à préparer de simples projets de sentence qui étaient soumis à l'approbation de Son Altesse.

On conçoit aisément combien cette... pénurie de tribunaux était préjudiciable aux Tunisiens.

Ces derniers étaient obligés de se rendre à Tunis pour trouver des juges, d'entreprendre des voyages souvent longs et coûteux et de séjourner dans la capitale, loin de leurs familles et de leurs affaires, pendant des mois, sinon des années, jusqu'à la solution de procès parfois de minime importance.

Cette situation ne pouvait se perpétuer sous un gouvernement soucieux de l'intérêt des populations protégées. C'est ainsi que le 18 mars 1896 fut promulgué un décret instituant à Sfax, Gabès et Gafsa des tribunaux de province, dits régionaux, à compétence civile et pénale et ressortissant au Tribunal de l'Ouzara, avec extension de leur circonscription sur le territoire des caïdats de Sfax et de La Skira ; des caïdats de l'Arad, de Medenine, des Matmata, des Oudarna et des Nefzaoua ; des caïdats de Gafsa, des Hammama, du djebel de Tamerzis, des Ouled-Sidi-Abid, de Tozeur, de Nefta et des Fraichich.

L'année suivante, par décret en date du 25 février 1897, deux autres tribunaux furent institués, sur le même modèle, à Sousse et à Kairouan ; leur circonscription s'étend sur le territoire des caïdats de Sousse, Monastir, Djemmal, Mahdia, Souassi et Ouled-Saïd ; des caïdats de Kairouan, des Zlass et des Madjeur.

Enfin, le 17 mai 1898, Le Kef eut aussi son tribunal, dont la circonscription s'étend sur le territoire des caïdats du Kef, Teboursouk, Ouennifa, Ouled-Aoun, Ouled-Ayar, Djendouba, Ouled-bou-Salem, Aïn-Draham et Ragba.

Ces tribunaux régionaux, ainsi d'ailleurs que la Driba de

Tunis, qui fut réorganisée à leur image, sont composés d'un président, deux juges, un juge suppléant et un greffier ; ils reçoivent les actions possessoires en premier ressort et toutes actions purement personnelles et mobilières en dernier ressort jusqu'à 200 francs et sauf appel jusqu'à 1.200 francs.

En matière pénale, ils connaissent des infractions et délits spécifiés dans les articles 15 à 17 inclus du décret organique du 18 mars 1896.

Cette institution, due à l'intelligente initiative du distingué président du Tribunal civil de Tunis, alors directeur des Services judiciaires, eut le précieux avantage de mettre fin à une situation déplorable *en rapprochant les juges des justiciables ;* ces derniers purent enfin faire reconnaître et respecter leurs droits menacés et saisir la justice de leurs différends sans être astreints à des déplacements et à des frais ruineux.

La réforme de 1896 eut un autre résultat non moins remarquable. En créant des tribunaux dans les différentes régions de la Régence, le Gouvernement beylical ne pouvait maintenir le principe de la *justice retenue* dans son intégralité. Aussi ces tribunaux, tout en étant l'émanation directe de la souveraineté beylicale, souveraineté absolue au premier chef, bénéficièrent-ils, par la force des choses, de la *justice déléguée.* Véritables magistrats, les juges de ces « medjless » rendent leurs décisions, sur le siège, en audience publique, au nom de Son Altesse le Bey, et leurs jugements sont immédiatement exécutoires, sauf appel.

La procédure suivie devant ces tribunaux est très simple : les parties ou leurs mandataires déposent au greffe leurs requêtes civiles ou pénales, écrites sur papier libre, en justifiant du versement des droits de timbre, de greffe et d'enregistrement, droits qui varient entre 5 fr. 70 et 9 fr. 20.

Ces requêtes, soumises d'abord au président et visées par lui, sont ensuite enrôlées sous un numéro d'ordre et inscrites sur un registre spécial, avec désignation du juge rapporteur, qui n'est autre qu'un des juges du siège ; ce dernier confectionne le dossier, lance les convocations aux intéressés, consigne leurs déclarations et leurs réponses, et l'affaire, une fois instruite et mise en état, est renvoyée à l'audience publique pour y recevoir la solution qu'elle comporte.

Il arrive souvent, notamment en matière correctionnelle, que les justiciables commencent par s'adresser au caïd ; celui-ci, après enquête sommaire, les renvoie devant le tribunal de la circonscription, qu'il saisit par un rapport relatant les opérations effectuées.

Notons d'ores et déjà une anomalie frappante qu'on ne relève dans aucune organisation judiciaire européenne : les magistrats des tribunaux de province sont à la fois juges d'instruction et juges du siège ! On ne rencontre nulle part ce cumul d'attributions, incompatible avec l'idée d'une bonne et saine justice.

En France, un magistrat ne peut en aucune façon connaître à l'audience d'une affaire qu'il a instruite : ce serait un cas de nullité absolue.

En Tunisie, la justice indigène ignore ces distinctions, et l'on trouve tout naturel que le juge instructeur, dont l'opinion est formulée par écrit dans chaque dossier, prenne part au délibéré et participe au prononcé du jugement !

En fait, neuf fois sur dix, son opinion est adoptée par ses collègues, qui s'en rapportent à lui parce qu'*ils n'ont pas le temps matériel de se faire une conviction par eux-mêmes.*

Et comment le pourraient-ils, ces *maîtres Jacques* de la justice qui, en dehors du service écrasant de l'instruction et des audiences, sont encore greffiers et même... interprètes quand ils ont l'avantage de connaître la langue française ! Les dossiers des affaires solutionnées leur sont en effet retournés et ils sont alors tenus de rédiger, sur papier timbré, la minute des jugements, qui comprennent les qualités, les motifs et le dispositif ! C'est après leur enregistrement seulement que ces minutes sont confiées au greffier titulaire pour la délivrance des grosses et expéditions.

Il importe de retenir que chacun des tribunaux de province ne compte, en dehors du président, que trois juges dont un suppléant ; à part la Driba de Tunis et le tribunal de Sousse, les tribunaux régionaux sont dotés d'une seule chambre, qui tient quatre audiences par semaine, deux civiles et deux correctionnelles.

Est-ce la rareté des litiges qui justifie cette insuffisance de personnel?

On serait tenté de le croire, et cependant il suffit de consulter les statistiques officielles pour voir combien est considérable le mouvement des affaires dans ces tribunaux; jugez plutôt : le tribunal de Sousse a eu à liquider 4.470 affaires civiles et 1.630 affaires pénales en l'année 1904, soit un total de 6.000 affaires.

Pour la même année, le tribunal de la Driba a accusé un mouvement total de .... 7.759 affaires.
    Celui de Kairouan .... 3.514   —
    Celui de Sfax.................... 3.293   —
    Celui de Gafsa .... 2.783   —

En 1905, le mouvement est aussi important :
    Driba......................... 9.488 affaires.
    Sousse........................ 4.620   —
    Kairouan...................... 4.532   —
    Sfax.......................... 2.875   —
    Gafsa .... 2.628   —

Ces malheureux magistrats, astreints, comme on le voit, à un travail excessif, épuisés par un surmenage continuel, trouvent-ils au moins quelque dédommagement dans les traitements qui leur sont accordés? Leurs appointements correspondent-ils aux efforts surhumains qu'on exige d'eux? Sous prétexte que l'indigène a peu de besoins, le Gouvernement tunisien leur donne des salaires de famine.

C'est ainsi que le juge suppléant débute à 125 francs par mois (avant janvier 1907, il débutait à 100 francs); titularisé, il touche 150 francs, et après de *longs et loyaux services*, il est nommé à la première classe, qui lui donne droit à 200 francs! Les présidents débutent à 250 francs et peuvent arriver, sur le déclin de leur carrière, à toucher 350 francs. [1]

____

(1) A la suite de notre campagne, le Gouvernement a, par décret du 1ᵉʳ janvier 1909, apporté de notables améliorations à la situation matérielle de.

Que l'on ne s'étonne pas, après cela, que quelques-uns d'entre eux puissent s'endetter ! Ils sont en effet obligés, de par leurs fonctions, d'avoir une tenue et un train de vie correspondant à leur rang social ; or, est-il seulement possible, avec 125 ou 200 francs par mois, de faire face aux dépenses indispensables, telles que le loyer, l'entretien et l'habillement d'une famille souvent nombreuse?

Et que penser d'une administration qui pousse... l'esprit d'économie jusqu'à laisser à la charge de ces malheureux même leurs frais de déplacement en cas de nomination ou de mutation?

Ces fonctionnaires ainsi surmenés et affamés ne sont certes pas suffisamment armés pour résister victorieusement aux sollicitations malsaines. Et si quelques-uns parmi eux cèdent aux tentations multiples qui les assaillent, la responsabilité morale de leurs faiblesses n'incombe-t-elle pas pour une large part au Gouvernement?

Que la magistrature tunisienne ne constitue pas précisément un corps d'élite, il n'y a pas lieu de s'en étonner ; il va de soi en effet que le recrutement des juges se ressent de la situation précaire et misérable qui leur est faite.

Les jeunes gens, déjà nombreux, qui ont acquis de solides notions juridiques à l'Université arabe de Tunis, ou puisé, dans les leçons des maitres des Facultés françaises, des connaissances étendues, une forte instruction secondaire et supérieure, se détournent fatalement d'une administration qui leur réserve des emplois si mal rétribués.

Aussi sommes-nous obligés de dire, non sans tristesse, que, dans son ensemble, la magistrature régionale, sauf quelques rares individualités, est au-dessous de sa tâche ; ni son niveau intellectuel, ni son niveau moral ne sont suffisamment élevés pour la rendre apte à la mission particulièrement difficile et délicate qui lui est dévolue. Dépourvu de culture générale,

---

la magistrature tunisienne. Mais on nous assure qu'en... fait ce décret est resté lettre morte : seuls les présidents de chambre auraient bénéficié d'un relèvement sensible, car il fallait à tout prix leur accorder un traitement correspondant à leur classe.

manquant des notions philosophiques indispensables à l'éducation de la conscience humaine, le personnel de nos tribunaux est souvent impuissant à saisir « *les rapports nécessaires qui dérivent de la nature des choses* » et à résoudre les problèmes imprévus qui naissent du choc des passions et des conflits d'intérêts.

Et pourtant, l'intelligence arabe est-elle réfractaire à l'esprit philosophico-juridique? Certes non! Les jurisconsultes musulmans ont construit de véritables monuments de droit, et nous connaissons d'éminents magistrats français qui sont les premiers à rendre hommage à la science approfondie, à la compétence sûre et avisée de leurs collaborateurs indigènes.

Seulement, on ne saurait trop le répéter, l'économie en pareille matière est désastreuse; avec 100 ou 200 francs par mois vous n'aurez jamais des juges, mais des fantoches de la justice !

C'est cette insuffisance notoire des traitements qui explique le nombre considérable de requêtes adressées par les membres de nos tribunaux au Directeur des Services judiciaires lui faisant part de leur désir de démissionner et le suppliant de leur faire obtenir l'autorisation de représenter les parties devant la justice : comme oukils ne sont-ils pas, en effet, assurés de gagner largement et librement leur vie et de réaliser même des économies?

Ces magistrats *à tout faire,* médiocrement instruits, sans traditions pour se guider, voient-ils au moins leur travail facilité par l'existence de textes clairs et précis? Hélas ! ils n'ont même pas ce secours; on sait en effet que, si le Gouvernement a créé des tribunaux dans diverses régions du pays, il avait jusqu'ici oublié de leur donner un code.

La loi applicable par les medjless de province n'était autre que le décret organique du 18 mars 1896, analysé plus haut. Mais en dehors de ce décret, forcément muet sur bien des cas, les tribunaux régionaux appliquaient et appliquent encore d'autres textes, décrets, arrêtés et circulaires spéciaux à chaque matière, et formant par suite une législation extrêmement touffue, rendue plus obscure encore par l'absence de toute coordination.

A défaut de texte exprès, on a recours à la loi locale, c'est-à-dire à la loi musulmane.

Disons tout de suite que cette loi — d'origine coranique, comme on sait — n'est admise par la juridiction que nous étudions que dans sa partie compatible avec le droit international privé. Contrairement, en effet, à ce que prétendent quelques-uns de nos concitoyens israélites, nous soutenons que les organismes dont nous nous occupons ne constituent pas des tribunaux religieux : ils appliquent, il est vrai, le droit musulman, mais un droit musulman laïcisé pour ainsi dire, éloigné des règles purement dogmatiques ou confessionnelles; en sorte qu'on utilise les principes généraux, d'ordre purement civil, que l'on adapte aux circonstances particulières et aux besoins nouveaux. Ainsi, par exemple, la preuve testimoniale peut être indifféremment administrée par des témoins arabes ou étrangers à la religion musulmane.

Ainsi encore on voit tous les jours les tribunaux tunisiens sanctionner le prêt à intérêt quand il est au profit de créanciers israélites.

On a vu également ces tribunaux admettre la prescription quinquennale en matière de billets à ordre.

Mais on conçoit que cette situation offrait peu de garanties aux justiciables et engendrait quelquefois de véritables dénis de justice. Il fallait à tout prix lier le juge par un texte obligatoire et impératif. Le Gouvernement a estimé qu'il fallait aussi placer auprès de chaque tribunal des contrôleurs guides pour veiller à l'application de la loi et éclairer les magistrats. C'est dans ce but que fut rédigé le Code tunisien promulgué tout récemment, et créée l'institution des Commissaires du Gouvernement.

II. Le Code tunisien

C'est une œuvre législative due à une Commission instituée par le Gouvernement Tunisien et composée de juristes recrutés parmi les professeurs de droit de la Grande Mosquée et les cheikhs ou magistrats du Charà, qui y travaillèrent durant plusieurs années avec la collaboration de M. Santillana, savant jurisconsulte italien doublé d'un arabisant distingué.

Promulgué le 15 décembre 1906, ce Code est entré en vigueur le 1er juin 1907.

Il se divise en deux livres : le premier, formé des articles 1 à 717, concerne la théorie générale des obligations ; le second va des articles 718 à 1632 et s'occupe des contrats et quasi-contrats.

C'est incontestablement une œuvre de progrès, mais c'est aussi un travail *trop savant* et en même temps *très incomplet*.

Trop savant, il l'est certainement par rapport au niveau intellectuel de la magistrature actuelle, que nous avons vue, sauf de rares exceptions, au-dessous de sa tâche alors qu'elle n'avait la plupart du temps qu'à s'inspirer du bon sens.

Nous ne croyons pas que ces mêmes magistrats, manquant de base et de traditions, puissent comprendre suffisamment le nouveau Code et saisir les rapports qui relient ses différentes dispositions entre elles, pour en faire une saine application aux affaires qu'ils auront à solutionner.

Notons d'ailleurs qu'il n'existe aucun commentaire de ces 1632 articles ainsi codifiés ! Ce sont des formules arides, quelquefois ambiguës, exprimées en un langage abstrait et technique, par conséquent obscur, pour ne pas dire incompréhensible pour quiconque n'a pas étudié sérieusement la science du droit et ne s'est pas familiarisé avec son vocabulaire spécial.

Aussi, nous doutons que le Directeur des Services judiciaires ait rapporté de ses tournées d'inspection une impression favorable : il a dû constater *de visu* les difficultés d'application du Code par les tribunaux de province, difficultés inhérentes à la qualité de son personnel.

Que pourrait-on attendre, en effet, d'un Français, par exemple, pourvu d'une instruction primaire ou même secondaire, à qui l'on donnerait à étudier les chapitres du Code Napoléon relatifs à la théorie des obligations, sans le secours d'un manuel, d'un traité ou d'un commentaire quelconque ? Fût-il même d'une intelligence exceptionnelle, comment le malheureux pourrait-il, après cinq mois d'étude, répondre convenablement et « juridiquement » à des questions touchant la *cause* et *l'objet* des *obligations contractuelles*, l'*obligation alternative* ou *solidaire, divisible* ou *indivisible*, l'action *révocable* et *su-*

brogative, l'*indivisibilité de l'aveu,* etc.? L'expérience serait si hasardeuse que nul sans doute ne voudrait la tenter !

C'est encore une œuvre *incomplète,* avons-nous dit ; elle ne concerne pas en effet tout le droit civil, mais seulement la partie des obligations, d'où son nom : « Code Tunisien des Obligations et Contrats ».

Beaucoup de matières civiles sont donc restées en dehors· de ce travail, en sorte que les tribunaux continueront long-temps encore à juger au hasard et sans texte. [1]

Il en sera de même, hélas ! pour ce qui concerne la procédure ; il en sera de même en matière commerciale et pénale.

On sait que le Code de procédure est en quelque sorte la clef de voûte de tous les autres Codes et constitue la base de l'organisation judiciaire. Ce sont les règles de procédure qui lient le juge, circonscrivent son champ d'action, enseignent aux justiciables les conditions d'exercice de leurs droits et leur assurent, en un mot, des garanties contre les vexations de l'adversaire et l'arbitraire du magistrat.

Or, rien de semblable n'existe dans la justice tunisienne, où cette partie si importante du Droit n'est l'objet d'aucune ré-·glementation. Aussi est-il prématuré de réclamer un Code de commerce, qui ne saurait se concevoir sans règles de procédure bien définies.

Et cependant, la nécessité d'un Code commercial se fait sentir tous les jours. Les exigences de la vie économique, les relations d'affaires qu'entretiennent entre eux les indigènes musulmans et israélites, les transactions nombreuses et importantes qui se traitent dans la Régence se ressentent vivement de cette absence de législation, qui ne saurait être suppléée par des usages séculaires, inapplicables à des opérations nouvelles issues de besoins nouveaux.

Là encore, rien de précis n'a été tenté ; on se contente d'à-peu-près, sans songer que la sécurité des affaires en souffre !

Mais ce qui est vraiment inconcevable et absolument inex-

---

[1] Bien plus, un décret du 30 juin 1907 soustrait à l'application de ce Code l'Etat et les personnes morales publiques ! !

cusable de la part du Gouvernement, c'est qu'il n'ait pas encore donné un Code pénal aux populations indigènes. Cette situation atteint à nos yeux un caractère particulier de gravité, parce que c'est la liberté même des gens qui est laissée à la merci du juge et de l'Administration.

En pareille matière, à défaut de règles fixes, de dispositions claires et complètes, c'est le régime du bon plaisir et de l'arbitraire qui règne en maître.

Il y a bien un embryon de législation pénale composée de quelques décrets et arrêtés. Mais ces textes législatifs, promulgués presque tous dans l'intérêt... exclusif de l'État et des Administrations, ne tiennent aucun compte des droits de l'individu.

Ils édictent des pénalités plus ou moins variées et rigoureuses, mais ils ne définissent pas l'infraction, ils n'analysent pas ses éléments constitutifs, en sorte que souvent un acte est qualifié crime ou délit suivant l'appréciation du juge, alors qu'en droit il ne tombe certainement pas sous le coup de la loi pénale !

Cette loi n'existant pas, le justiciable n'a aucun recours contre l'interprétation du tribunal, et il subit cette atteinte à sa liberté individuelle contre laquelle il est impuissant à se défendre.

Or, cette lacune, il dépend du Gouvernement de la combler. Le premier devoir de nos dirigeants leur commande impérieusement de remédier au mal par l'institution de commissions composées d'hommes compétents en vue d'élaborer des projets de Codes pénal, commercial et de procédure, ou par l'adaptation à la Tunisie de la législation égyptienne, qui a au moins le mérite d'avoir fait ses preuves.

Une réglementation urgente s'impose ; la situation actuelle ne saurait se perpétuer sans léser profondément les intérêts vitaux de tout un peuple dont la prospérité matérielle et morale est rigoureusement liée à l'administration d'une bonne justice.[1]

---

[1] Le Gouvernement nous a donné satisfaction sur ce point : il a en effet, à la date du 19 juin 1909, institué deux commissions chargées d'élaborer les Codes pénal, d'instruction criminelle et de procédure civile.

III. Les Commissaires du Gouvernement

On connaît la vigoureuse campagne menée depuis deux ans par les israélites contre les tribunaux tunisiens.

Au lieu de faire ressortir les imperfections et les lacunes de cette organisation et de demander les réformes qui s'imposent, certains d'entre eux crurent bon d'appuyer leurs revendications sur deux arguments sinon totalement imaginaires, du moins manifestement exagérés. La justice tunisienne, disaient-ils, est à la fois *vénale* et *religieuse:* quelles garanties peuvent, dès lors, trouver les juifs auprès de juges aveuglés par le fanatisme et l'amour du *bakchich* ?

Par leurs attaques, certainement injustes, ils espéraient obtenir plus sûrement leur rattachement à la juridiction française. Nous n'avons pas à discuter ici cette ambition, mais toujours est-il que c'est en réponse à ces récriminations que fut promulgué le décret beylical du 10 juillet 1906 créant des emplois de Commissaires du Gouvernement près les Tribunaux tunisiens.

On crut, pendant quelque temps, qu'on allait confier ces emplois à des magistrats français, et les musulmans éclairés se réjouissaient déjà de cette heureuse réforme, susceptible à leurs yeux de donner aux indigènes des garanties sérieuses puisées non seulement dans le savoir professionnel des nouveaux fonctionnaires, mais encore dans les traditions de la magistrature française qu'ils apportaient avec eux.

Hélas! il fallut bientôt déchanter. La nouvelle institution ne donnait satisfaction ni aux juifs, ni aux musulmans, ni aux membres des tribunaux tunisiens !

L'article 4, en effet, du décret précité stipule que, pour être nommé Commissaire du Gouvernement, il faut être « Français, âgé de plus de vingt-cinq ans, et avoir subi avec succès les épreuves du concours institué par arrêté du Premier Ministre ».

Ainsi, aucun diplôme n'est exigé des candidats au Commissariat : ni doctorat en droit, ni licence; que dis-je ! on ne leur demande même pas le baccalauréat, que le Conseil de l'Ordre de Tunis entend cependant réclamer à l'avenir à tout futur avocat au barreau !

Pour représenter les parties devant la Justice française, pour servir de simple porte-parole aux plaideurs, on doit d'abord suivre, pendant trois ans au moins, des cours dans une Faculté ; subir un examen à la fin de chaque année et étudier, avec des professeurs agrégés, le droit romain, l'économie politique, l'histoire du droit, le droit international privé et public, le droit administratif, constitutionnel, commercial, pénal et civil, la procédure et l'instruction criminelle, et, enfin, le droit maritime ou les voies d'exécution, suivant le choix du candidat.

Pour rendre, au contraire, la justice... aux indigènes, il suffit d'être Français et âgé de plus de vingt-cinq ans ! Le Commissaire du Gouvernement doit, il est vrai, satisfaire à un concours préalable ; mais qu'est-ce que ce concours ? Il est déterminé par l'arrêté ministériel du 11 juillet 1906, modifié par celui du 18 décembre de la même année : il comporte des épreuves écrites et orales relatives à la langue arabe, parlée et écrite, et aux *principes* d'organisation générale des services tunisiens, de droit et de législation (art. 5).

Nous soutenons qu'en supposant que les Commissaires passent ce concours *avec succès,* cela ne signifiera pas qu'ils seront à la hauteur de leur tâche, car il ne suffit pas de connaître plus ou moins bien la langue arabe et quelques principes généraux de droit et de législation, hâtivement appris, pour mener à bien une mission aussi délicate ; on ne s'improvise pas magistrat en six mois ou un an. Au magistrat il faut une culture intellectuelle à la fois profonde et étendue ; il faut, avant tout, un sentiment juridique sérieux et aiguisé que l'on ne peut acquérir qu'après de fortes études de droit et une longue pratique des affaires.

Toutes ces conditions, capitales et essentielles, surtout dans une organisation où il y a tant à faire, se trouvent facilement réunies chez des magistrats de carrière, mais non chez des instituteurs ou des interprètes, que rien ne prédispose à *dire le droit ;* malgré tout le dévouement, le zèle et la haute conscience que ces messieurs apporteront dans leurs nouvelles fonctions, leurs efforts seront frappés de stérilité parce qu'ilssus d'une base... chancelante. Leur collaboration à l'administration de la justice sera pauvre en résultats, parce qu'ils n'ont et ne peuvent avoir ni la capacité ni la compétence voulues.

Si, comme on le voit, le recrutement des Commissaires du Gouvernement est critiquable, leur mission ne l'est pas moins.

A vrai dire, leurs attributions ne sont pas encore clairement et minutieusement définies; mais, quoique vagues et générales, les dispositions du décret organique du 10 juillet 1906 nous permettent de conclure que leur mission, vaste et étendue, est à la fois administrative et judiciaire.

Administrative : les Commissaires du Gouvernement agiront, en effet, par délégation du Directeur des Services judiciaires (art. 1er), veilleront en cette qualité à la bonne administration de la Justice dans la circonscription de leur tribunal (art. 3) et signaleront tous les faits qui leur paraîtraient contraires à cette bonne administration.

Judiciaire, car ces agents auront la surveillance des affaires civiles, pénales et des informations, et ils pourront poursuivre d'office suivant les instructions du Directeur (art. 3, *in fine*).

C'est contre ce cumul que nous protestons énergiquement, parce qu'il est contraire à l'idée de justice, parce qu'au lieu de marquer un progrès dans notre organisation judiciaire, il étend, en l'aggravant, aux tribunaux de province un vice qui a fait et fait encore tant de mal à l'Ouzara : *la confusion des pouvoirs.*

Depuis 1896, chaque province compte un tribunal relativement indépendant, composé de magistrats jugeant sur le siège, suivant leur conscience, ayant la notion de leur responsabilité, parce que généralement livrés à eux-mêmes et à l'abri de cette ingérence administrative qui se manifeste de façon si énervante à l'Ouzara. Demain, ces mêmes tribunaux auront chacun un Commissaire agissant par délégation du Directeur, c'est-à-dire *un chef direct* qui, sous prétexte de veiller à la bonne administration de la justice, aura la surveillance, disons la direction, de toutes les affaires.

C'est le pouvoir judiciaire de tout le medjless annihilé au

profit du pouvoir administratif, représenté par le Commissaire du Gouvernement ;

C'est l'initiative du juge réduite à néant, parce qu'au lieu d'entrer en conflit avec le Commissaire, le magistrat préférera toujours s'incliner devant celui que tout lui désigne comme étant son chef : titre et traitement — 9.000 francs, alors que lui, président, n'en a que le tiers ;

C'est un tribunal d'opérette prononçant des jugements inspirés, sinon dictés, par un fonctionnaire qui agit dans l'ombre et dont la compétence juridique est plus que douteuse, comme nous l'avons démontré plus haut.

Cette réforme des Commissaires du Gouvernement aurait été excellente si elle avait été faite avec un personnel de choix, recruté dans la magistrature française et assisté de bons interprètes, comme le sont le Directeur des Services judiciaires et les Contrôleurs civils. On aurait donné à ces agents les attributions de procureurs, c'est-à-dire de magistrats chargés d'exercer l'action publique et d'éclairer les medjless sans jamais leur imposer leur volonté ; ces derniers, hiérarchiquement indépendants, auraient ainsi collaboré réellement avec des magistrats français, et tout le monde eût bénéficié de cette heureuse collaboration.

Malheureusement, le Gouvernement ne l'a pas compris ainsi. Il est certain, dès lors, que la nouvelle institution est vouée à un échec.[1]

IV. **L'Ouzara**

Justice retenue et confusion absolue des pouvoirs, tels sont les deux traits caractéristiques de cet organisme. Tribunal... sans magistrats, telle est la conséquence de ces deux graves anomalies qui ne se rencontrent dans aucune administration judiciaire digne de ce nom.

------

[1] Le Gouvernement semble avoir reconnu le bien fondé de ces critiques puisqu'il a, croyons-nous, renoncé à l'application du décret ci-dessus analysé.

Quelques mots sur l'organisation de l'Ouzara, sa compétence et sa procédure, mettront mieux en lumière les deux vices indiqués plus haut.

Jusqu'en 1895, le tribunal de l'Ouzara proprement dit était formé par deux sections dépendant du *Ministère* ou Administration générale du Gouvernement Tunisien : la section civile, qui était chargée de mettre en état les procès d'intérêts entre particuliers, et la section pénale, qui avait pour attributions d'instruire les infractions, délits et crimes portés à sa connaissance.

Ces deux divisions traitaient les affaires dans les formes administratives, c'est-à-dire que les bureaux résumaient les éléments de chaque affaire en un rapport ou *madroudh* que le chef de section faisait suivre d'un projet de sentence et qu'il soumettait au visa du Secrétaire général du Gouvernement, puis à la signature du Premier Ministre et du Ministre de la Plume, et enfin à l'approbation de Son Altesse le Bey.

Ce système, basé sur une centralisation excessive, avait entre autres inconvénients celui d'encombrer les services de milliers d'affaires venant de tous les points de la Régence, et les litiges, même les plus insignifiants, risquaient de traîner dans les bureaux pendant des mois et des années avant de recevoir une solution.

En 1896, le Gouvernement se décida à opérer une large décentralisation ; il commença par réunir les deux sections des affaires civiles et des affaires pénales en un seul service qui reçut le nom de « Direction des Services judiciaires du Gouvernement Tunisien » et à la tête duquel fut placé un magistrat français (décret du 13 janvier 1896) ; le 18 mars de la même année, il institua les premiers tribunaux de province, qui fonctionnent sous le régime de la justice *déléguée,* comme nous l'avons vu plus haut.

Aujourd'hui, la Direction des Services judiciaires, ou Administration centrale de la Justice tunisienne séculière, a à sa tête un Directeur et un Directeur-adjoint, détachés de la magistrature française et investis de ces fonctions par décret du Président de la République. Elle comprend cinq bureaux ou services (arrêté du Secrétaire général du 4 juillet 1896) :

1º *Le service du cabinet,* chargé de l'administration proprement dite : réception, distribution et expédition de la correspondance ; classement et conservation des archives ; établissement des statistiques ; formation et direction du personnel judiciaire : mutations, congés, discipline, etc., etc.;

2º *Le bureau civil,* chargé de la mise en état des plaintes
en matière civile, de leur distribution entre les juridictions
compétentes, des appels et évocations, de la correspondance
arabe relative à ces affaires ; une deuxième section de ce
bureau s'occupe de l'exécution des jugements et donne aux
caïds les instructions dont ils peuvent avoir besoin pour les
opérations d'exécution qui leur sont confiées ;

3º *Le bureau pénal,* avec les mêmes attributions que le
précédent, mais seulement pour ce qui touche à la justice
répressive ; il assure aussi la mise en mouvement de l'action
publique tunisienne, qui est placée entre les mains du Directeur des Services judiciaires (arrêté ministériel du 14 décembre 1896);

4º *Le service de l'instruction ;* il s'occupe de mettre en état
les affaires pénales qui lui sont renvoyées pour enquête par
le bureau précédent ; saisi par une ordonnance du Directeur,
il ouvre une enquête et fait faire par les caïds toutes les opérations nécessaires à la manifestation de la vérité ; l'enquête
terminée, l'affaire est renvoyée à l'audience avec un rapport
secret contenant l'avis du fonctionnaire instructeur ;

5º *Le bureau d'exécution des jugements* rendus par la juridiction française contre des sujets tunisiens (décret du 17
juin 1901).

A côté de ces bureaux ou sections, émanation directe du
Souverain, qui opèrent au nom et sous l'autorité du Premier
Ministre et sous la surveillance étroite du Secrétaire général
du Gouvernement Tunisien, fonctionne le service des audiences publiques. Ce service est confié à six secrétaires-rédac-
teurs répartis entre deux chambres : la chambre civile et la
chambre pénale, qui tiennent chacune deux audiences par
semaine.

C'est ce service, chargé de procéder aux débats et de préparer les projets de sentence à soumettre à Son Altesse, qu'on désigne spécialement sous le nom de Tribunal de l'Ouzara.

Les règles de compétence qui régissent l'Ouzara se sont modifiées avec la création des tribunaux de province.

En effet, avant mars 1896, tous les litiges étaient portés devant la section civile ou devant la section pénale du Dar-el-Bey et solutionnés à Tunis. Mais aujourd'hui l'Ouzara n'a plus à connaître des infractions et des affaires civiles au-dessous de 200 francs, car les unes et les autres sont jugées en dernier ressort par les tribunaux régionaux ; à charge d'appel, les actions civiles jusqu'à 5.000 francs, les actions possessoires et les délits sont encore de la compétence de ces tribunaux.

L'Ouzara n'en est donc saisi qu'en cas d'appel. En revanche, il connaît directement de tous les crimes et de toutes les actions mobilières et personnelles au-dessus de 5.000 francs.

* * *

L'étude de la procédure en vigueur à l'Ouzara va nous permettre maintenant de voir comment fonctionnent les divers rouages de la lourde et pesante machine judiciaire.

Imaginons d'abord une affaire pénale et suivons-la dans toutes ses phases : nous relèverons ainsi, avec force détails suggestifs, les imperfections du système que nous étudions.

Un assassinat est commis dans une localité de l'intérieur ; les parents de la victime s'empressent d'en informer l'autorité: cheïkh, khalifa, ou caïd. Ce dernier télégraphie la nouvelle au Premier Ministre, qui transmet le télégramme officiel au Directeur des Services judiciaires. Le service pénal de l'Ouzara confectionne aussitôt un dossier et attend le rapport du caïd.

Ce rapport peut arriver dans la quinzaine ou deux mois après ; jusque-là, le Directeur, le bureau pénal et le service de l'instruction de l'Ouzara demeurent inactifs: c'est la période d'expectative, caractérisée par l'ignorance où sont tenus les bureaux des opérations effectuées par le caïd.

Le Directeur des Services judiciaires lui-même, détenteur de l'action publique (arrêté du 14 décembre 1896) ne bouge pas : il attend le procès-verbal d'enquête qui lui apportera les éléments qui lui font défaut.

Durant ce temps, c'est le caïd qui est le véritable maître de la situation : officier de police judiciaire, il dirige l'enquête. C'est déjà une anomalie que de confier des opérations judiciaires à des agents administratifs ; ces derniers, fussent-ils d'une honorabilité parfaite, n'ont souvent ni la compétence ni la mentalité voulues : inconsciemment peut-être et de très bonne foi, ils apportent, dans l'information des affaires, des mœurs et des habitudes administratives qui ne tiennent, comme on sait, presque aucun compte de la liberté individuelle et des droits sacrés de la personnalité humaine.

Aussi, les garanties dont jouit le justiciable devant les tribunaux français et qui le défendent contre l'arbitraire possible du juge d'instruction sont-elles inconnues ici. Comment seraient-elles, d'ailleurs, observées, alors qu'il n'existe pas de code d'instruction criminelle et qu'aucun texte ne se préoccupe des *droits de la défense*?

Mais l'anomalie devient bien plus grave encore lorsque le caïd n'est pas consciencieux, comme il y en a malheureusement. Certains de ces fonctionnaires voient dans les affaires qu'ils ont à instruire l'occasion de réaliser des bénéfices importants ; sous prétexte d'aider à la manifestation de la vérité, qui est d'ailleurs leur moindre souci, ils peuvent se faire amener des pères de famille honnêtes, des agriculteurs paisibles, qu'ils envoient d'un geste à la geôle réfléchir aux moyens propres à faire éclater leur innocence. Les malheureux ne cherchent pas longtemps, car ils savent qu'ils n'ont aucune voie de recours légal à leur disposition ; accuser le caïd de vénalité, ils n'y songent même pas : les grands chefs hausseraient dédaigneusement les épaules... en supposant qu'ils ne sévissent pas administrativement ! Alors, pour recouvrer plus vite leur liberté et détourner de leurs têtes menacées le pouvoir exorbitant dont dispose le caïd, ils vont droit aux arguments sonnants et trébuchants !

L'amel est-il probe et intègre, les abus, pour être moins criants, n'en existent pas moins. C'est qu'en effet ces agents du Gouvernement n'ont pas toujours le temps de diriger eux-mêmes les enquêtes judiciaires : représentants de toutes les administrations de l'Etat, ils cumulent les attributions les plus variées et les plus absorbantes, et alors, fatalement, nécessairement, ils se déchargent d'une partie de la besogne sur leurs secrétaires, qui procèdent directement aux opérations les plus délicates, telles que perquisitions, confrontations, interrogatoires, auditions de témoins, etc., etc.

On peut voir ainsi de jeunes notaires instruire des assassinats, des vols qualifiés, préparer le rapport définitif destiné à l'Ouzara et le soumettre aux chefs, qui signent les yeux fermés, soit qu'ils aient confiance en leurs collaborateurs, soit qu'ils n'aient pas le temps de contrôler et de vérifier la sincérité ou la régularité des opérations ainsi effectuées.

L'instruction occulte, en honneur devant les tribunaux tunisiens, favorise encore les abus les plus révoltants et livre le prévenu pieds et poings liés à l'employé instructeur.

L'inculpé est, en effet, mis au secret durant toute l'information ; ses parents, pas plus que son conseil, n'ont le droit de communiquer avec lui ou de l'assister.

On voit dans quelles conditions déplorables les enquêtes judiciaires sont menées. Elles sont confiées la plupart du temps à des gens sans instruction, sans forte éducation morale, sans expérience, n'ayant ni la notion exacte de leurs obligations, ni une conception nette de la justice et de l'équité, ni le sentiment de leur responsabilité, parce que travaillant sous le couvert de l'anonyme. Aussi, en dehors des abus, des actes d'arbitraire, des iniquités qui sont commis journellement soit par le caïd malhonnête, soit par son entourage peu scrupuleux, l'instruction des affaires se ressent-elle de l'incapacité et de la vénalité de ces auxiliaires de la Justice. Lisez un procès-verbal d'information pénale, et vous verrez combien il est diffus, vague, imprécis : il n'y a ni ordre, ni méthode, ni clarté ; des points capitaux sont quelquefois omis, des détails essentiels sont négligés, les témoignages ne sont pas contrôlés, les alibis ne sont pas vérifiés, l'heure du crime parfois n'est pas indiquée, et tout est à l'avenant !

Une fois l'enquête terminée — disons plus exactement *bâclée* — le caïd dirige le ou les inculpés sur Tunis.

Peu de personnes savent dans quelles conditions lamentables s'effectue le transfert des prisonniers. On croit communément que ces derniers, encore simples prévenus, par consé-

quent présumés innocents, sont l'objet de traitements tout
au moins... humains, qu'on les fait bénéficier, par exemple,
des moyens de transport que la justice française offre généreusement à ses ressortissants, et que les atrocités signalées
quelquefois par la presse ne sont que fantaisistes visions de
journalistes en mal de littérature pathétique ou qu'exception-
nels accidents dus à la brutalité d'un gardien... Hélas! la presse
est encore au-dessous de la réalité !

Quiconque a assisté à une arrivée de prisonniers ne saurait
oublier ce spectacle écœurant qu'une administration sou-
cieuse de sa dignité devrait faire cesser sans retard. Des centaines de malheureux, qui viennent de tous les points de la
Régence pour comparaître devant leurs juges, sont enchaînés
par groupes de deux ou trois. Les poignets reliés par le cabriolet
d'acier, ils suivent péniblement les farouches cavaliers de l'oudjak, qui distribuent sans compter les coups de courbache pour
faire avancer le troupeau humain confié à leur garde. Ils sont
là, hommes et femmes, vieillards et enfants, dans une hideuse
promiscuité. Geignant, mourant de faim, ils font à pied, sur
les routes poudreuses, des centaines de kilomètres, car on ne
leur permet pas d'utiliser le chemin de fer, sans doute parce
que ce sont des Arabes. — Les indigènes ont l'habitude des
longues marches... Étaient-ils traités autrement du temps des
beys ?... Pourquoi donc leur laisser prendre de mauvaises
habitudes ?... — Le seul moyen de transport toléré est l'in-
commode *arabat,* qu'ils peuvent louer à leurs frais avancés,
car le budget ne prévoit pas un centime pour le transport des
détenus.

Sait-on, au fait, combien le budget prévoit pour les frais de
la justice criminelle indigène? — 3.500 francs!!

Trois mille cinq cents francs pour une population de dix-
huit cent mille âmes, alors que la justice française en Tunisie
dispose d'un crédit de vingt-quatre mille francs pour... disons
deux cent mille justiciables!!!

N'affaiblissons pas l'éloquence de ces chiffres par des com-
mentaires inutiles!

Après ce douloureux calvaire, [1] notre inculpé arrive à Tu-

---

[1] Il appartenait à M. Blanc, le distingué Secrétaire général-adjoint du

nis, où il croit pouvoir, enfin, se défendre. Immédiatement écroué à la prison civile, il y sera oublié pendant deux ou trois semaines, sinon un mois et plus, avant de comparaître devant le juge d'instruction! Le principe de l'*habeas corpus* n'est, en effet, même pas soupçonné ici, pas plus d'ailleurs qu'on n'y a la notion de la liberté individuelle.

Et fût-il très bien intentionné et très respectueux des droits de la personnalité humaine, le magistrat ne pourrait en aucune façon abréger la longueur des détentions préventives. C'est qu'en effet l'arrivée du prévenu à Tunis ne suffit pas à elle seule à renseigner les bureaux sur l'accusation dirigée contre lui : il faut encore attendre le rapport du caïd et les différentes pièces du dossier, qui ne parviennent généralement à l'Ouzara que dix à vingt jours après les prisonniers. Et comme, en vertu du principe de la confusion des pouvoirs dont nous avons parlé précédemment et dont nous verrons encore de nombreuses applications au cours de cette étude, toute correspondance, même strictement et exclusivement judiciaire, est adressée au Premier Ministre, c'est au Secrétariat général du Gouvernement tunisien que ces pièces sont reçues, dépouillées, enregistrées et traduites pour être ensuite envoyées au Directeur des Services judiciaires, lequel les dirige sur le bureau de l'instruction..... On conçoit sans peine que ces multiples opérations ne se font pas en vingt-quatre heures.

Mais les Services judiciaires, une fois en possession du dossier, vont-ils enfin se préoccuper du sort du malheureux qui languit en prison depuis des semaines sans pouvoir s'expliquer ni se défendre? Non, la durée de la détention préventive va encore se prolonger pour une autre raison : *l'insuffisance du personnel.* Qu'on songe en effet que l'Ouzara, qui examine à lui seul *toutes* les affaires criminelles indigènes de la Régence, sans parler des appels correctionnels des tribunaux régionaux, ne compte que *trois* juges d'instruction. [2]

Gouvernement tunisien, de mettre fin à une situation qui durait depuis vingt-huit ans.

Une des premières mesures prises par lui a été, en effet, de prescrire que les prisonniers indigènes utiliseraient les moyens de transport existants.

(2) Un quatrième cabinet a été créé il y a quelques mois.

Entrons dans un de ces... cabinets d'instruction. C'est la même disposition partout : une pièce de trois mètres sur deux, très sobrement meublée : les murs, crépis à la chaux, sont absolument nus; point de confort, du luxe encore moins : pas de tentures aux portes, ni de rideaux aux fenêtres; au fond, une simple table servant de bureau. Sur cette table, des dossiers, encore des dossiers, qui s'élèvent en piles imposantes; derrière, on aperçoit le turban de l'employé, penché toute la journée sur son travail, la plume à la main (car il est à la fois juge et greffier), incapable de suffire à la besogne écrasante, surhumaine, qu'on lui impose, et dont il doit s'acquitter sous peine d'observations très vives..... Et la Direction distribue chaque année entre ces trois malheureux juges douze à quinze cents dossiers, représentant chacun un *crime*, vol qualifié, assassinat, viol, meurtre, faux, etc. Ils touchent, de ce fait, un traitement qui varie entre 125 et 150 francs par mois ! Nous aurions mauvaise grâce à parler de valeur professionnelle ou de niveau intellectuel; à ce prix, toute exigence serait pour le moins ridicule.

On devine ce que peuvent être les informations : elles sont d'abord très sommaires; rien n'est approfondi; des points importants sont négligés. D'autre part, on trouve difficilement une idée directrice, sans doute parce qu'on ne laisse aucune initiative aux magistrats instructeurs, qui se font d'ailleurs remarquer par une absence presque totale de sens critique; aussi leurs enquêtes manquent-elles d'ampleur et donnent-elles rarement satisfaction à l'esprit.

Ajoutons qu'il n'y a aucune règle précise, aucun principe écrit. Nous avons déjà noté cette lacune grave, presque invraisemblable : l'absence de codes et... de projets de codes ! Donc, aucune procédure criminelle, et comme les frais de cette justice ne peuvent dépasser les crédits prévus au Budget (3.500 francs par an, retenons bien ce chiffre), l'instruction se trouve fatalement réduite à sa plus simple expression, à un interrogatoire de pure forme.

Le juge se contente de lire le rapport initial — l'enquête du caïd — à l'inculpé et d'enregistrer les réponses de ce dernier; *pas d'audition de témoins, pas de confrontations, pas de transports :* les 3.500 francs seraient absorbés en un mois !

L'enquête du caïd supplée à ces précieuses mesures d'information, et le pouvoir exorbitant que détient ce fonctionnaire s'accroît encore par l'absence de tout moyen de contrôle ; c'est lui qui procède aux recherches qui lui sont demandées par le Bureau de l'instruction, et toutes les opérations se font ainsi en dehors de la présence de l'inculpé.

Que peut ce dernier contre les dépositions de témoins qu'il ne voit pas ou contre les affirmations d'un caïd tout-puissant ? Il n'a même pas le droit de se faire assister d'un défenseur... car l'instruction est rigoureusement occulte.

A défaut de code d'instruction criminelle, il existe, on le voit, quelques règles, mais elles sont toutes *restrictives :* autant dire que c'est le régime du bon plaisir avec tous ses dangers !

L'affaire est renvoyée à l'audience par ordonnance du Directeur des Services judiciaires. Le Bureau de l'instruction se dessaisit du dossier au profit de la Section pénale, qui fixe la date à laquelle la cause sera plaidée et lance les convocations. C'est alors seulement que les parties ou leurs défenseurs peuvent prendre communication du dossier, préalablement expurgé, par le greffier, de toutes pièces confidentielles.

Nous voici donc au grand jour de l'audience !

Passons rapidement sur la vétusté du matériel et la pauvreté du décor : [1] les locaux servant aux administrations tunisiennes ne sont-ils pas tenus, comme à dessein, dans un état de délabrement et de décrépitude qui jure à côté des magnifiques palais que le Gouvernement fait si généreusement construire pour l'Administration française !

Sur une estrade, le medjless, composé de trois membres : un président et deux assesseurs ; en bas, faisant vis-à-vis à l'estrade, le banc des accusés ; derrière, les oukils, les avocats et le public, toujours très nombreux. Mais que le profane ne s'y trompe pas : c'est une simple mise en scène ! Les membres

---

[1] Il est cependant juste de reconnaître que l'Administration s'est décidée, il y a quelques mois, à renouveler les tentures de la salle d'audience.

du medjless *siègent mais ne jugent point*... Nous sommes ici, ne l'oublions pas, sous le régime de la justice *retenue :* c'est le souverain qui... est censé juger. Les trois fonctionnaires qui se tiennent sur l'estrade sont donc non des magistrats, mais de simples secrétaires chargés de prendre des notes et de préparer un projet de sentence.

Dans le langage courant, on leur donne bien le titre de juges ; mais c'est une dénomination impropre, car ils n'en ont ni les *pouvoirs,* ni le *traitement,* ni la *considération.* Le juge *tranche,* eux *proposent.* Ils ne peuvent prendre aucune mesure sans consulter au préalable le Directeur, qui a toujours le dernier mot. Leur arrive-t-il de s'oublier ou de se méprendre sur l'étendue de leurs attributions, ils sont vite rappelés à la réalité. Ainsi, ils sont impuissants à prononcer la mise en liberté *provisoire* d'un prévenu dont l'innocence leur apparait à l'audience.....

Le magistrat touche un *traitement* honorable : au Tribunal français de Tunis, c'est 8.000 francs; en Egypte, le juge indigène arrive jusqu'à 840 livres sterling (soit près de 22.000 francs); à l'Ouzara, il atteint 250 francs par mois, mais seulement après vingt-cinq ans de services, alors qu'on lui impose une besogne véritablement écrasante !

En France ou en Egypte, le magistrat français ou indigène jouit d'une très grande considération auprès du public, auprès de ses collègues et auprès de ses chefs : à l'Ouzara, nos *kouttabs* sont tenus... de signer une feuille de présence, et gare s'ils arrivent cinq minutes en retard !

Dans certaines administrations, les simples expéditionnaires ne sont-ils pas traités avec plus d'égards ?

L'Ouzara compte six secrétaires rapporteurs, dont trois composent la Chambre pénale et trois la Chambre civile, siégeant chacune deux fois par semaine. [1]

On conviendra avec nous que ce personnel est manifestement insuffisant, quand on saura que nos rédacteurs, très mal payés, d'ailleurs, — comme tous les fonctionnaires du Dar-

---

[1] L'honorable Directeur des Services judiciaires a fini par obtenir, il y a quelques mois, la création d'une troisième Chambre.

el-Bey, — ont plus de *cinq mille* affaires à examiner par an !

C'est dire aussi si les rôles sont chargés ! Ils comprennent généralement 40 à 50 affaires, et il n'est pas rare d'en voir appeler jusqu'à 90 à une même audience !

Les parties comparaissent en personne ou par mandataires. Toutefois, en matière pénale, le défendeur doit en principe se présenter en personne.

Il n'y a pas de *débats* à proprement parler, mais un simple échange d'explications entre le demandeur et le défendeur, la partie civile et l'inculpé.

Le medjless a devant lui le dossier de chaque affaire, qui contient les pièces et documents du procès, ainsi que les dépositions écrites des témoins, mentionnées dans les rapports du caïd, et les *hodjas* ou actes notariés.

Il n'y a ni *interrogatoire*, ni *audition de témoins*, ni *confrontation*. Ces opérations, si utiles à la manifestation de la vérité, grèveraient trop lourdement le budget — qui ne prévoit actuellement que 3.500 francs pour les frais de justice criminelle — et nécessiteraient l'institution immédiate d'*au moins* cinq autres Chambres pour faire face aux besoins du service ; aussi a-t-on préféré s'en passer purement et simplement, en sorte qu'à l'Ouzara, contrairement à ce qui se passe en Europe et même en Egypte, l'audience n'apporte aucune lumière nouvelle, aucun élément d'appréciation nouveau : c'est une simple mise en scène.....

Le plaignant soutient sa demande ; le défendeur lui répond ; et un des rédacteurs résume par des notes les explications des parties. Ces notes sont transcrites au bas du résumé de l'affaire préparé, avant l'audience, par un secrétaire de la section compétente (civile ou pénale), et constituent en quelque sorte les *qualités* du jugement à intervenir ; en marge des qualités est réservée une colonne destinée à contenir le dispositif du jugement ou *madroudh* proprement dit.

L'affaire est alors mise en délibéré. Le dossier est repris par le rédacteur-rapporteur, qui prépare le dispositif sous forme de projet de sentence. Une fois signé par les deux autres assesseurs, ce projet est envoyé, ainsi que le dossier, au chef de section, personnage fort puissant mais *irresponsable...* intermédiaire entre le medjless et le Directeur des Services judiciaires. Le chef de bureau étudie l'affaire et présente ses observations, s'il y a lieu, au rapporteur. Il revoit le projet, le retouche au besoin, l'amende ou l'agrée. Toutes ces opérations se font, il est vrai, après discussion avec la Chambre, mais en dehors des parties intéressées.

Après ces tribulations, le dossier arrive enfin sous les yeux du Directeur des Services judiciaires. Cet honorable fonctionnaire reçoit le rapport verbal de son chef de section, qui lui résume à son tour l'affaire et lui traduit (toutes les pièces étant en langue arabe) trente à soixante projets de sentence dans une même fournée. En cas d'approbation, le Directeur *vise* le dispositif, qui est envoyé au secrétariat du bureau compétent pour être transcrit dans la colonne *ad hoc* en marge des qualités.

Mais il arrive quelquefois que le Directeur ne partage pas l'avis des juges. Ceux-ci, toujours après discussion et échange de vues, modifient alors leur projet dans le sens qui leur est indiqué. Il leur arrive bien parfois de défendre leur œuvre, mais le plus souvent ils s'inclinent. Simples rédacteurs, ils savent qu'ils n'ont ni l'indépendance du magistrat, ni la responsabilité du juge; simples secrétaires, ils se contentent d'exprimer par écrit un avis qui ne lie en aucune façon l'Administration : le dernier mot appartient donc en définitive au *moudir*, c'est-à-dire au chef. Ce dernier remplace quelquefois le projet soumis à son visa par un projet diamétralement opposé qu'il rédige lui-même; quelquefois il retient l'affaire et charge un secrétaire ou un interprète de l'étudier et de lui donner son avis, pour faciliter sans doute la discussion avec le medjless.

La conscience moderne, avec sa conception d'une justice indépendante, peut s'offusquer de l'ingérence dans les affaires d'un Directeur qui n'a assisté, en fait, ni à l'instruction, ni aux plaidoiries. Et cependant, cette intervention est… légale. C'est, incontestablement, une anomalie grave qui fausse l'exercice du pouvoir judiciaire et heurte violemment toutes les notions acquises. Et pourtant cette anomalie s'explique par une particularité souvent rappelée au cours de cette étude, à savoir qu'à l'Ouzara c'est le système de la *justice retenue* qui est encore en vigueur.

En vertu de ce principe, foncièrement mauvais et indéfendable, c'est le Bey qui prononce et juge; et comme le souverain est dans l'impossibilité matérielle de participer directement à la préparation des affaires, à leur instruction et à leur mise en état, son privilége se trouve forcément réparti entre des agents et secrétaires qui constituent un personnel fortement hiérarchisé.

C'est aux Services judiciaires que se font la réception des affaires, leur répartition entre les bureaux, les informations et l'élaboration des projets de sentence ; et c'est au Secrétariat général, intermédiaire direct entre cette Direction et le Bey, que tout ce travail, essentiellement préparatoire, se concentre et s'absorbe.

Cela est si vrai, que le projet de sentence, même modifié par le Directeur et revêtu de son *visa*, peut être encore remanié au Secrétariat général ou Ministère !

Cela est si vrai, que le Secrétaire général ou le Premier Ministre peuvent valablement évoquer une affaire, la faire instruire, lui donner telle orientation en dehors des Services judiciaires et, ce qui est plus grave, en dehors des parties ! C'est ainsi, par exemple, que les procédures de faux portant sur des actes notariés échappent presque toujours à l'examen de l'Ouzara. L'acte incriminé est adressé par le Directeur à la *Section d'Etat*, branche administrative du Gouvernement Tunisien, qui procède à une information peut-être consciencieuse, mais absolument occulte, au point que ni le demandeur, ni la partie accusée d'*usage de faux*, ni les avocats ne sont admis à faire valoir leurs moyens. Après cette enquête mystérieuse, la Section d'Etat retourne le dossier à l'Ouzara, avec une simple lettre transmissive l'informant seulement du bien ou mal fondé de la plainte, sans *énonciation de motifs ;* et l'Ouzara prépare un projet de sentence conforme, et les parties sont condamnées, acquittées ou déboutées sans savoir ni *comment* ni *pourquoi !*

On le voit, l'ingérence du Directeur tient à l'organisation même de la justice, qui est défectueuse.

Certes, cette intervention peut présenter un minimum d'inconvénients dans les *affaires civiles;* elle peut même être salutaire quand elle se borne à rappeler à la Chambre, débordée de travail, des textes de loi oubliés ou méconnus, à lui expliquer des notions de droit ou des règles de jurisprudence incomprises, ou à interpréter des articles du Code obscurs ou ambigus.

Elle se justifie moins, il faut le reconnaître, dans les *affaires pénales;* car, en pareille matière, rien ne vaut l'*impression* du juge qui a assisté en personne aux débats, entendu les explications contradictoires des parties et puisé, au surplus, dans l'étude directe du dossier, des éléments d'appréciation qui échappent souvent à l'examen forcément incomplet et superficiel du Directeur.

Mais cette intervention ne se justifie en aucune façon quand elle se produit dans les affaires pendantes devant les tribunaux régionaux, qui fonctionnent, comme nous l'avons vu, sous le régime de la *justice déléguée.* Le principe de décentralisation qui a présidé à leur institution, en vertu du décret organique de mars 1896, eût dû soustraire les membres de ces tribunaux à toute action administrative et leur permettre de statuer suivant leur conscience, dans la plénitude de leurs droits, librement et en toute indépendance.

La Direction était la première intéressée à défendre le libre jeu de ce principe, quitte, en cas de mauvais usage, à intervenir régulièrement, par voie d'évocation ou d'appel, devant le deuxième degré de juridiction.

Or, malheureusement, il n'en est pas toujours ainsi. Il arrive, dans quelques affaires, que ces tribunaux, se conformant sans doute à des instructions reçues, prennent le mot d'ordre à la Direction. Certains jugements portent manifestement la trace de l'influence administrative; exemple : ceux rendus en matière de presse, en général.

Le projet de sentence, visé par le Directeur et agréé par le Secrétariat général du Gouvernement Tunisien, est alors lu à Son Altesse par le Ministre de la Plume, qui appose, au bas, le sceau du Souverain, précédé de la formule : « Nous en avons ainsi décidé ». L'accomplissement de cette formalité convertit le projet en *maâroudh* ou jugement exécutoire et définitif.

Les maâroudh sont ensuite retournés sous enveloppe à la Direction des Services judiciaires, qui les fait enregistrer et les confie au greffier. Ce dernier les joint à leurs dossiers respectifs, après avoir inscrit sur un registre spécial la date et le résumé de la sentence.

Les jugements ne sont pas lus en audience publique, conséquence logique du système en vigueur. La justice étant retenue, le medjless n'a pas, en effet, à donner lecture de jugements qu'il n'a, en somme, pas rendus et dont il n'assume pas la responsabilité.

C'est donc au greffier que les parties doivent s'adresser pour savoir si leurs affaires ont reçu une solution.

Le greffier renseigne les plaideurs *quand il le peut,* car ce fonctionnaire est débordé par une besogne véritablement écrasante. Dans les plus modestes justices de paix de France ou de Tunisie, on trouve, au greffe, un greffier, un commis-greffier et trois ou quatre secrétaires dont un est spécialement chargé de recevoir le public ; les tribunaux de première instance de Tunis ou de Sousse comptent même plusieurs greffes : civil, commercial, correctionnel et criminel ; à l'Ouzara, qui liquide plus de *cinq mille* affaires par an et qui est à la fois tribunal criminel et cour d'appel pour les jugements civils et correctionnels rendus par les tribunaux régionaux de la Régence, il n'y a qu'un seul greffier, assisté, pour tout personnel, d'un...chaouch, lequel a fort à faire, comme on pense, pour endiguer le flot envahisseur des justiciables.[1]

Le malheureux greffier, dont le cabinet est littéralement pris d'assaut, dès huit heures du matin, par une foule toujours compacte d'indigènes, d'oukils, d'avocats et de clercs, reçoit les commandes de jugements, rédige les actes d'appel, donne lecture du dispositif des maâroudh, qu'il traduit à l'avocat et qu'il explique au bédouin. Il reçoit conclusions et documents, qu'il joint au dossier, restitue les pièces des affaires jugées, met les dossiers à la disposition des parties, délivre les permis

---

[1] On a, depuis quelque temps, adjoint au greffier un secrétaire spécialement chargé de la communication des dossiers aux parties.

de communiquer avec les détenus, etc., etc. En dehors de ces multiples occupations, l'Administration le charge souvent de la traduction de textes ou de projets de sentence du français en arabe, et encore d'autres travaux supplémentaires qui exigent des efforts soutenus et consciencieux !

La Direction s'est souvent émue de cette situation sans cependant pouvoir l'améliorer... faute de crédits ! Et l'*unique* greffier de l'Ouzara assure son lourd et pénible service moyennant le modeste traitement de 100 francs par mois ![1]

La lecture des maâroudh au greffe réserve souvent des surprises et des déceptions, notamment en matière pénale.

Nous avons déjà vu que si les indigènes ont une organisation judiciaire spéciale, leurs tribunaux et leurs juges n'ont point de *codes*. On a bien, il y a quelques mois, promulgué un Code des obligations et des contrats, que nous avons succinctement analysé; il y a bien un certain nombre de décrets, d'arrêtés et de circulaires; mais les Tunisiens attendent encore leurs Codes pénal, de procédure, de commerce et d'instruction criminelle. En sorte qu'en matière de délits ou de crimes, la Chambre et la Direction se bornent à envoyer à la signature du Bey des projets de sentence concluant simplement à l'acquittement ou à la condamnation des prévenus, sans, dans ce dernier cas, fixer la durée de l'emprisonnement. Faute de code, l'*échelle* des peines n'existe pas.

En effet, une des beautés de la *justice retenue* est que la durée de la peine est laissée à l'appréciation du juge suprême, le Bey. Le maâroudh soumis à Son Altesse se termine généralement par la formule suivante : « ...... Par ces motifs, Plaise à Notre Seigneur et Maître condamner le prévenu à un emprisonnement de...... », et le Bey remplit de sa main le nombre de mois ou d'années qu'il estime devoir octroyer à l'inculpé.

On voit le très grave danger qui menace les justiciables tunisiens; on devine les conséquences désastreuses qui découlent d'un système aussi défectueux.

Combien de fois la Direction des Services judiciaires n'a-

____

[1] Cet intéressant agent de l'Ouzara a été augmenté, au mois de février dernier, de... 25 francs !

t-elle pas eu à déplorer des condamnations absolument arbitraires ou peu en rapport avec la gravité du délit! Rarement même le châtiment est proportionné à l'infraction commise!

Nous avons vu personnellement un inculpé, *convaincu de meurtre,* condamné à *un an* de prison, alors que la Chambre, le Directeur et son propre défenseur s'attendaient à vingt ans de travaux forcés, au moins. Nous avons vu des prévenus envoyés au bagne pour plusieurs années, alors qu'ils méritaient tout au plus quelques mois de prison !

Et le malheur est qu'en pareille matière l'erreur est irréparable : le Bey a-t-il signé, le jugement est exécutoire et définitif et n'est susceptible *d'aucun recours.*

C'est, en effet, un des vices de cette organisation, qui ne prévoit le double degré de juridiction que pour les affaires d'importance relativement minime. Ainsi les délits et les litiges civils d'une valeur de 200 à 5.000 francs sont jugés par les tribunaux régionaux en premier ressort et à charge d'appel devant l'Ouzara ; au contraire, les crimes et les demandes dont le taux est supérieur à 5.000 francs sont portés directement devant les Services judiciaires, qui statuent en dernier ressort et dans la forme administrative ci-dessus décrite. Les décisions de l'Ouzara ne peuvent être l'objet d'un recours : le justiciable est désarmé, même en cas de fausse application de la loi ou d'erreur matérielle.

Au-dessus de l'organisme que nous étudions, il n'existe, en effet, rien qui ressemble à une Cour de cassation ou à un Conseil d'État. Nous lisons bien, dans l'article 39 du décret organique du 18 mars 1896 instituant les tribunaux régionaux, que « le Premier Ministre peut toujours évoquer d'office, devant le Tribunal de l'Ouzara, toute affaire en cours d'instance de la compétence des tribunaux de province ; qu'il peut déférer à l'Ouzara pour incompétence, abus de pouvoir, fausse application ou violation de la loi, ou encore pour erreur manifeste, tout jugement des mêmes tribunaux, même s'il est passé en force de chose jugée ou a été exécuté ». Mais ce texte ne vise, comme on le voit, que les décisions des tribunaux régionaux et ne saurait être étendu aux maàroudh de l'Ouzara.

Il est vrai qu'il est loisible à la victime d'une erreur de poursuivre la *revision* du maàroudh, car on pense bien que dans les cinq mille jugements préparés, chaque année, aux Services judiciaires, par un personnel surmené et notoirement insuffisant, et signés par le Bey, nombreuses sont les solutions... boiteuses : *errare humanum est,* surtout lorsqu'un travail aussi délicat se fait dans des conditions aussi peu favorables. Seulement, aucun texte ne trace la procédure à suivre en pareil cas, pour la raison bien simple que, théoriquement, la revision n'est même pas prévue.

Les requêtes de ce genre sont donc laissées à la libre et souveraine appréciation de la Direction et de la Chambre, qui, généralement, opposent une fin de non-recevoir systématique, parce qu'il leur est pénible de se déjuger : c'est encore... très humain !

V. Exécution des Jugements des Tribunaux tunisiens

L'affaire a enfin reçu une solution : le maàroudh, revêtu du sceau de Son Altesse et enregistré, est retourné au greffe, où l'on peut en commander une grosse. C'est déjà un résultat appréciable qui vient calmer l'attente, souvent prolongée, des justiciables. A l'Ouzara, en effet, la durée normale des délibérations est très élastique ; quelquefois le jugement est rendu dans la quinzaine qui suit les plaidoiries ; mais, parfois aussi, le délibéré est d'une longueur désespérante : un mois, deux mois et même cinq et six mois se passent, pendant lesquels les parties font toutes les semaines la navette entre le greffe, la Direction et les bureaux sans obtenir de réponse satisfaisante. Greffier, Directeur et chefs de section adressent notes sur notes au medjless, qui n'en peut mais, car les trois rapporteurs de la Chambre sont littéralement débordés : le moyen d'éviter ces retards [1] quand il y a par audience soixante et jus-

____

[1] Ces retards ne sont pas toujours imputables au medjless. Très souvent en effet les dossiers sont retirés à la Chambre et pendant des mois pérégrinent entre les différentes sections de l'Ouzara et du Secrétariat général... quand ils ne sommeillent pas dans les tiroirs d'un chef de bureau.

qu'à quatre-vingts affaires appelées, embrassant souvent des questions d'une extrême délicatesse de fait et de droit?

Mais une fois l'affaire jugée, une autre série de tribulations et de difficultés commence pour le justiciable : il s'agit, en effet, d'exécuter la décision rendue. Le droit interne de chaque pays comprend une branche spéciale, connue sous le nom de *voies d'exécution,* qui règle, de façon précise et minutieuse, la procédure à suivre pour assurer à la fois l'exécution des décisions de justice et le respect de la chose jugée. Il semble que nos gouvernants eussent dû se préocuper ici plus qu'ailleurs de réglementer cette importante matière jusque dans ses moindres détails et de donner ainsi aux Tunisiens une législation complète de nature à protéger, d'une part, les masses ignorantes contre les actes d'arbitraire, les abus et les excès de pouvoir possibles des agents administratifs, et à obvier, d'autre part, aux inconvénients sans nombre qui résultent de l'absence de tout état civil et de l'incertitude de la propriété indigène.

Malheureusement, rien n'a été tenté dans ce sens. Les tribunaux tunisiens n'ont pas encore de procédure, pas plus qu'ils n'ont d'ailleurs de codes civil complet, pénal, de commerce ou d'instruction criminelle! Pourquoi? Parce que probablement la promulgation de codes exigerait au préalable une réforme radicale : la séparation absolue des pouvoirs, dont on n'a pas voulu entendre parler jusqu'ici ! Et de même que l'Ouzara constitue, par son essence même, un organe de justice administrative, de même tous les services qui en dépendent ont un caractère administratif.

C'est dans cet esprit qu'il y a environ deux ans on ajouta aux Services judiciaires une cinquième section, la *Section d'exécution.*

Ce service, qui est incontestablement un des plus importants de l'Ouzara, est confié à un chef de bureau, assisté d'un personnel plutôt restreint : un secrétaire-interprète à 75 francs par mois, et un stagiaire non rétribué![1]

---

[1] Ce service a été considérablement renforcé depuis la première publication de notre étude. Il se compose actuellement d'un chef de bureau, assisté de quatre stagiaires français, docteurs en droit, et de deux jeunes secrétaires-interprètes.

Ses attributions sont multiples, délicates et complexes ; ses répertoires accusent déjà plus de *trois mille* dossiers.

Il n'exécute pas, mais il surveille l'exécution des jugements des tribunaux régionaux et des maàroudh de l'Ouzara, assurée à l'intérieur par les caïds et à Tunis par le cheikh El Médina.

Le bénéficiaire d'un jugement en dépose la grosse à la Direction avec une requête concluant à l'exécution. Les pièces sont envoyées au bureau en question ; celui-ci, après formation d'un dossier numéroté, écrit au caïd compétent et le charge de procéder aux opérations prévues par le jugement dans un délai déterminé, qui est d'ordinaire de vingt jours. Mais ce délai se trouve généralement doublé, car on pense bien que le jugement n'est pas adressé au caïd le jour même de son dépôt aux Services judiciaires : la chose serait possible si le personnel était nombreux ou simplement suffisant ; or, nous avons vu qu'il n'en est rien. Il faut donc attendre que les exigences du service permettent au secrétaire de donner à la requête la suite qu'elle comporte.

Le caïd, qui cumule les fonctions les plus variées et les plus absorbantes, se décharge de cette besogne sur ses employés, qui convoquent les plaideurs et font verser à la partie la plus diligente les frais d'exécution, fixés en général d'une manière fantaisiste et absolument abusive. Dans sa hâte de toucher enfin au but, l'Arabe paye, avec l'espoir de recouvrer son argent intégralement avant la clôture des opérations. Mais il compte sans les difficultés de toute nature qui paralysent souvent l'exécution pendant des mois et quelquefois des années ! A chaque instant la procédure est arrêtée, les opérations suspendues par des incidents imprévus et des obstacles sans nombre, que le caïd n'a pas qualité pour aplanir et qu'il doit signaler à la Direction des Services judiciaires. Transports, saisies, oppositions, tierces oppositions, interventions, revendications, interprétation du maàroudh, ordres contradictoires des bureaux et de l'Administration centrale, tels sont les incidents courants qui compliquent et enchevêtrent les affaires comme à plaisir et augmentent la paperasserie administrative dans des proportions considérables.

La juridiction des référés, si utile et si précieuse en pareille matière, n'existant pas dans le système tunisien, les caïds en-

voient des rapports à l'Administration et attendent des instructions. Le Bureau d'exécution, après examen du dossier,
prépare, d'accord avec la Direction, la réponse à faire, qui est
transmise au caïd par le Premier Ministre. Les questions sou-
levées au cours de l'exécution se trouvent ainsi solutionnées
administrativement, et avec des retards considérables, en dehors des parties.

Quelles garanties les justiciables peuvent-ils attendre d'un
système caractérisé par la confusion des pouvoirs et l'absence
de textes?

VI. Exécution des jugements des Tribunaux français

L'Ouzara comprend un cinquième bureau spécialement
chargé de l'exécution des jugements rendus par les tribunaux
français contre des sujets tunisiens.

Le Gouvernement Tunisien a en effet décidé, par décret en
date du 7 juin 1901, que « tout justiciable des tribunaux français qui aura obtenu de cette juridiction un jugement contre
un indigène tunisien non protégé d'une puissance européenne
pourra demander à l'Administration tunisienne d'en poursuivre l'exécution *par les moyens dont elle dispose,* sauf la
saisie immobilière, soit qu'une tentative d'exécution par les
voies ordinaires ait été infructueuse, soit même avant toute
tentative d'exécution » (art. 1).

Par application de ce décret, un Français, un Italien ou un
Grec, en un mot un Européen ou protégé d'une puissance
européenne quelconque, qui obtient du Tribunal français, seul
compétent, un jugement civil ou commercial à l'encontre d'un
sujet tunisien, a le choix entre deux modes distincts — qu'il a
même la faculté d'employer l'un après l'autre — pour exécuter
son débiteur : le mode judiciaire français, soumis aux règles
précises du Code de procédure de 1806, et le mode administratif tunisien, caractérisé par... l'absence de textes et la contrainte par corps.

Mais la réciproque n'est pas vraie, en sorte qu'un sujet du
Bey, porteur d'un jugement de condamnation contre un Eu-

ropéen, ne peut exécuter ce dernier que dans la forme ordinaire de la procédure française !

Et d'abord, que vaut ce décret au point de vue légal?

Est-il conforme aux principes du droit public et du droit international ? Nous ne le pensons pas.

On sait, en effet, qu'en Tunisie tout procès où un Européen est en cause est de la compétence exclusive de la juridiction française, qui statue suivant la loi française. Par conséquent, du jour où une action en justice est introduite mettant en présence un Européen et un indigène, ce dernier devient justiciable du Tribunal français et acquiert de ce fait, pourrait-on dire, une *nationalité juridique française*. Tant que son statut personnel n'est pas en jeu, il est, quel que soit le rôle qu'il occupe dans l'instance, soumis aux dispositions du droit public et civil français : demandeur ou défendeur, c'est toujours l'application de tel ou tel principe des codes français qu'il réclame, avec toutes leurs conséquences, dans la forme et suivant les modes prévus et déterminés par la loi française. Dès lors, on ne conçoit pas qu'au cours de la procédure ainsi engagée l'indigène soit repris par sa nationalité, privé du bénéfice de la loi française et tenu de se soumettre aux lois et usages administratifs de son pays, c'est-à-dire à un mode absolument différent du premier et, chose plus grave, *contraire à la législation en vertu de laquelle le jugement a été rendu !*

Ainsi, tout le monde sait que la contrainte par corps en matière civile, commerciale et contre les étrangers, a été supprimée en France par la loi du 22 juillet 1867. Ce moyen d'exécution barbare étant aboli, les jugements, tant français qu'étrangers, ne peuvent plus entraîner, sur le territoire français, et pour quelque motif que ce soit, l'emprisonnement du débiteur condamné.

Or, la loi — disons plutôt la coutume tunisienne — autorise, sous certaines conditions, la contrainte par corps. En mettant ce moyen à la disposition des étrangers contre leurs débiteurs indigènes, le décret de 1901 fait revivre une institution abolie par une loi, et reconnaît aux décisions judiciaires françaises une conséquence qu'elles pouvaient entraîner autrefois, mais qu'elles ont à jamais perdue depuis le 22 juillet 1867 !

Objectera-t-on que cette législation est conforme au droit international, qui soumet l'exécution des jugements en pays étrangers à la loi territoriale de ces pays, à la *lex fori* !

Mais l'objection n'est guère sérieuse et tombe devant cette constatation que les raisons qui justifient l'application de la *lex fori* n'existent pas en Tunisie. En effet, si les jugements étrangers ne peuvent, par exemple, être exécutés en France que suivant la procédure française, c'est parce qu'en France l'organisation judiciaire est *une*, que les lois de procédure sont d'ordre public, et qu'on ne peut dès lors y appliquer une procédure étrangère. En Tunisie, au contraire, nous avons deux justices : la justice indigène et la justice française, absolument distinctes et indépendantes l'une de l'autre. Il y a ici une organisation judiciaire française *complète*, avec ses organes propres, ses magistrats, ses codes et ses *agents d'exécution* !

Mais ce décret, dont la légalité est si discutable, a-t-il du moins le mérite d'avoir été conçu et édicté dans *l'intérêt des indigènes* ?

Nous allons voir qu'il n'en est absolument rien et que, par ses conséquences manifestement iniques, il lèse et compromet gravement les intérêts des Tunisiens.

Dira-t-on, en effet, que le Gouvernement tunisien a voulu, par le décret du 17 juin 1901, épargner aux indigènes des frais de poursuites que le ministère des huissiers peut, comme on sait, porter à des sommes considérables ?

Il suffirait de relire l'article premier du décret pour se convaincre que le Gouvernement n'a jamais eu semblable préoccupation et qu'il s'est inspiré de toutes autres considérations que de l'intérêt de ses nationaux. Ce texte stipule en effet que « tout justiciable des tribunaux français qui aura obtenu de cette juridiction un jugement contre un indigène tunisien pourra demander à l'Administration tunisienne d'en poursuivre l'exécution... *soit qu'une tentative d'exécution par les voies ordinaires ait été infructueuse, soit même avant toute tentative d'exécution* ».

En sorte que le créancier étranger peut commencer par mettre en mouvement l'huissier, dont les opérations sont déterminées par les règles de la procédure française ; mais ces opérations aboutissent-elles à un procès-verbal de carence, ou bien encore ne sont-elles pas suffisamment expéditives au gré du poursuivant, ce dernier peut alors recourir aux *voics d'exception* et s'adresser à l'Ouzara qui, sur ordonnance du Président du Tribunal (art. 2), met à son service les moyens administratifs et coercitifs dont il dispose. Dans ce cas, le débiteur indigène est tenu du principal de la condamnation *augmenté des frais de poursuites des huissiers !*

L'acte législatif du 17 juin 1901 consacre donc une odieuse inégalité de traitement entre autochtones et étrangers ; il lèse les intérêts des indigènes en leur faisant supporter les frais frustratoires de deux procédures, et les met ainsi dans une situation manifestement inférieure à celle dont jouissent les Européens ou les protégés européens : le Tunisien, chez lui, en est à envier le traitement de la nation *la moins* favorisée !

Mais ce n'est pas la seule raison pour laquelle cette législation d'exception nous paraît éminemment injuste. Elle a encore à nos yeux un caractère de gravité exceptionnel, parce qu'elle prive l'indigène des garanties de la loi française et le livre, sans défense, à l'arbitraire de l'Administration ; parce qu'enfin elle fait intervenir le pouvoir administratif dans un domaine qui devrait être exclusivement réservé au pouvoir judiciaire, et perpétue, en l'accentuant, cette détestable confusion des pouvoirs que le Gouvernement local maintient envers et contre tous, avec une ténacité digne d'une meilleure cause.

Ainsi, il est rigoureusement prescrit aux autorités tunisiennes chargées de l'exécution d'un jugement des tribunaux français « d'en référer à l'*Administration seule* pour tous les incidents qui viendraient à se produire en cours d'exécution ». (Zeijs, Supplément de 1901, 1787, note 3). Le Bureau central, saisi de l'incident, examine souverainement la nature de l'obstacle, se fait juge de la sincérité ou du bien-fondé de l'exception soulevée par le défendeur, et décide de passer outre s'il lui apparaît que l'incident n'est qu'un moyen dilatoire (art. 4). Tandis que la loi de procédure française règle minutieusement les voies de recours et d'opposition et soustrait aux agents d'exécution l'examen des incidents, dont la solution appartient aux tribunaux exclusivement, le décret de 1901 autorise l'Administration à rejeter *de plano* les moyens qu'on lui oppose et à empêcher les défendeurs indigènes de soumettre leurs exceptions à la juridiction compétente !

C'est, on le voit, la porte ouverte aux abus et à l'arbitraire. Mais il y a mieux encore! Il arrive à la Direction des Services judiciaires — qui est, en l'espèce, simple agent d'exécution et rien de plus — de se faire juge, à son tour,... de la moralité des affaires solutionnées par le tribunal français! Un indigène condamné par le Tribunal *civil* à payer une dette *civile* montant de fournitures à lui faites par un protégé européen, s'est vu appréhender et incarcérer, bien que son insolvabilité fût établie par des pièces probantes et confirmée par une enquête du cheikh El Médina : la Direction, estimant qu'il est immoral de bénéficier de fournitures sans bourse délier, avait exercé contre l'insolvable la contrainte par corps !

Où s'arrêterait-on dans cette voie? On se le demande. Cela n'empêche pas l'Administration de soutenir, dans des rapports officieux, que les procédés qu'elle emploie pour mettre à exécution les jugements des tribunaux français sont exempts de toute rigueur, et elle ajoute que si la contrainte par corps est un des moyens légaux dont elle dispose pour arriver à ses fins, « il n'est la plupart du temps employé qu'à titre comminatoire ». (*Journal des Tribunaux*, 16 janvier 1905).

Ah! si l'auteur de ce rapport s'était personnellement rendu compte de la manière dont les choses se passent dans le bled, son travail aurait certainement reflété moins d'assurance et moins d'optimisme !

En fait, la Direction des Services judiciaires se borne à inviter le caïd à exécuter le jugement contre le débiteur; elle reçoit ensuite, par mandat, le produit de l'exécution, mais elle ne sait pas dans quelles conditions cette exécution a été obtenue.

C'est le spahi de l'oudjak qui convoque le malheureux débiteur et exige de lui sa « khedma » et l'entretien de son cheval;

C'est le cheikh, assisté de notaires, qui se présente au domicile du défendeur pour saisir, avec le tact que l'on sait, tout ce qu'il trouve en sa possession ;

Ce sont les voyages longs et coûteux aux bureaux du caïdat, où l'indigène tente en vain de s'expliquer ;

C'est toute une camarilla qui s'acharne sans pitié sur sa proie et qui ne recule devant rien pour lui faire rendre gorge : pression, menaces, intimidation et enfin incarcération, en un mot, des procédés brutaux et dignes d'un autre âge !

Y a t-il lieu de s'étonner dès lors que la plupart des jugements soient amenés à exécution totale ou partielle ? Pour éviter les rigueurs administratives, l'emprisonnement et le scandale qui s'ensuit, les parents du défendeur n'hésitent pas à faire des sacrifices considérables et à payer !

Est-il exagéré de conclure qu'une législation qui aboutit à des résultats aussi injustes doit disparaître pour faire place au droit commun ?

CONCLUSION

Suppression ou Réorganisation ?

Nous avons montré précédemment ce qu'est cette Justice tunisienne, objet des éloges dithyrambiques de l'Administration et des attaques les plus violentes de la majeure partie des justiciables.

Examinant l'un après l'autre les différents rouages de cette institution compliquée, nous en avons, sans passion ni parti pris, signalé les imperfections et les lacunes.

Exclusivement guidé par le souci de la vérité, nous nous sommes attaché à critiquer un *système,* faisant abstraction complète des personnalités, que nous avons refusé de mêler à notre discussion, pour éviter le reproche de partialité ou d'exagération.

Nous nous empressons d'ailleurs d'ajouter que, pour mettre hors de cause les personnes et nous cantonner sur le terrain, moins glissant, des faits et du raisonnement, point n'a été besoin de faire violence à nos sentiments intimes, ayant toujours rencontré, tant au Secrétariat général qu'aux Services judiciaires, l'accueil le plus sympathique.

Nous avons prouvé, chiffres en mains, l'insuffisance du personnel en face de l'augmentation considérable des affaires, et la situation misérable qui lui est faite, malgré le surmenage auquel il est astreint.

Nous avons vu les magistrats indigènes, issus d'un recrutement défectueux, réduits au rôle de scribes, sans initiative comme sans pouvoir effectif, sans indépendance comme sans responsabilité, premières victimes du régime de la confusion des pouvoirs que l'Administration supérieure s'applique à maintenir.

Nous avons montré, par des faits, les dangers redoutables, les abus criants, l'arbitraire révoltant auxquels sont journellement exposés les Tunisiens, justiciables de tribunaux de parade qui siègent mais ne jugent pas, organes d'essence administrative, n'offrant par suite que des garanties illusoires.

Nous avons vu la speudo-autonomie des tribunaux régionaux battue en brèche et annihilée par l'intervention irritante du Bureau central, qui dirige leurs procédures et dicte leurs décisions.

Nous avons énuméré les irréparables méfaits de la *justice retenue*, détestable principe que l'absence de codes et de voies de recours rend véritablement monstrueux.

Et à ceux qui soutiennent que « le but poursuivi par le Gouvernement est atteint (!) parce qu'il a donné à l'indigène une justice simple, rapide, peu coûteuse, parfaitement appropriée à ses besoins » *(Indicateur Tunisien*, 1909, « Notice sur la Direction des Services Judiciaires », page 125 *in fine)*, nous pouvons répondre aujourd'hui, en toute connaissance de cause :

Le Gouvernement a peut-être essayé de donner aux Tunisiens une justice régulière, mais il n'y a certainement pas réussi. Il s'est, en effet, borné à réparer la façade, alors qu'il aurait dû se préoccuper des fondations. Aussi l'indigène gémit-il actuellement sous une justice simple en apparence, mais *compliquée* en réalité par l'action... occulte des bureaux et l'ingérence administrative avec tous ses inconvénients ; *lente*, car si l'on sait quand les affaires se plaident, on ne sait jamais après quels délais elles recevront une solution ; et, enfin, *très coûteuse*, car la justice tunisienne est devenue très chère et la quasi-gratuité qu'on vante si fort est une légende, habilement entretenue, qu'il importe de détruire dans l'intérêt de la vérité ! [1]

La conclusion à tirer de cette étude est claire : l'organisation actuelle de la justice tunisienne est défectueuse; cette institution est manifestement inférieure !

Dès lors, que devons-nous réclamer? sa suppression pure et simple et le rattachement des Tunisiens à la juridiction française, ou bien sa réorganisation sur des bases solides et résistantes?

C'est ici que musulmans et israélites se séparent. Alors que ceux-ci ne voient le salut que dans la suppression de la justice tunisienne, les premiers estiment que cette solution ne saurait être envisagée sérieusement, et que seule une réorganisation complète serait de nature à donner satisfaction aux justiciables indigènes.

Examinons de près les deux thèses en présence.

Dans un débat de cette importance, il est de toute nécessité de poser la question sur son véritable terrain et de dégager les principes qui doivent en quelque sorte servir de points de repère à la discussion, sans quoi l'on risque de faire fausse route et d'aboutir à des conclusions absolument inadmissibles.

Nous pensons qu'il ne suffit pas de signaler superficiellement les imperfections et les lacunes d'une institution pour réclamer son abolition et son remplacement par une institution d'origine différente. Cela c'est du *bluff*. Or, en pareille matière, il faut non pas bluffer, mais raisonner froidement et méthodiquement.

En l'espèce, un principe qui ne saurait être mis en question,

---

[1] En dehors, en effet, des droits de timbre et d'enregistrement des requêtes, que l'on a élevés (ils varient de 5 francs à 9 fr. 20), l'Administration a imposé aux justiciables un droit proportionnel de 3 %. Cette taxe exorbitante est, en définitive, payée par le débiteur condamné. Ainsi, le recouvrement d'une créance de 1.000 francs rapporte à la caisse de la Recette des Finances 5 francs pour l'enrôlement, plus 6 à 8 francs pour la grosse du jugement, plus 30 francs de droit proportionnel, soit un total de 43 francs ! !

c'est la forme de gouvernement qui nous régit : le Protectorat, tel qu'il résulte des traités du Bardo (mai 1881) et de La Marsa (juin 1883). Aux termes de ces traités, le Bey a aliéné entre les mains de la France l'exercice de sa souveraineté extérieure, conservant, sous certaines restrictions, sa souveraineté intérieure. Pour l'administration de la justice, l'Etat protecteur a bien étendu sa juridiction, par plusieurs lois et décrets, aux litiges entre étrangers et entre étrangers et Tunisiens, mais quant aux litiges *entre Tunisiens seuls*, le Bey s'est réservé son droit de juridiction sur ses sujets.

Partant de ce principe évident, incontestable, on peut dire avec certitude que la suppression de la justice indigène serait une atteinte grave à la souveraineté intérieure du Prince protégé, une violation flagrante des accords intervenus, en un mot, la rupture arbitraire des conventions passées entre les deux Etats. La France est-elle disposée à entrer dans cette voie ? Nous n'avons pas le droit de le supposer. Y aurait-elle intérêt ? Nous ne le croyons pas.

L'hypothèse de la suppression de la Justice tunisienne étant ainsi formellement écartée, examinons la prétention de certains israélites qui disent : Conservez votre juridiction puisque vous y tenez, mais laissez-nous la faculté de nous y soustraire pour devenir justiciables des tribunaux français !

La réponse est aisée. D'abord, la solution proposée ne dépend pas des Tunisiens musulmans. Qu'elle leur agrée ou non, la condition juridique des israélites tunisiens, les principes du droit international public et les traités liant les deux Etats s'opposent à cette mesure restrictive de la souveraineté intérieure du Bey.

Nous ne saurions préjuger de l'avenir, mais nous estimons que, tant que durera le Protectorat, tout à la fois des considérations juridiques et des raisons de convenance politique empêcheront de donner satisfaction au vœu de nos contradicteurs. Le jour où ces derniers seront devenus citoyens français, ces objections disparaîtront ; mais tant qu'ils seront Tunisiens — et, incontestablement, ils le sont — le Gouvernement ne pourra ni ne voudra leur accorder le rattachement qu'ils réclament si bruyamment et qui, indépendamment de l'atteinte qui serait ainsi portée à des accords internationaux, aurait pour effet de créer une inégalité choquante entre nationaux d'un même Etat.

Et cela sans motif sérieux ! Car, *en fait*, les juifs sont-ils traités par les tribunaux tunisiens autrement que les musulmans ? Est-il vrai qu'ils subissent mille avanies de la part de juges fanatiques trop heureux de pouvoir les humilier parce qu'appartenant à une autre religion ? Est-il vrai, enfin, que la justice indigène soit purement religieuse et que ses décisions s'inspirent de la loi coranique ? Nous entendons bien les récriminations de certains israélites qui se posent en martyrs du fanatisme de leurs juges, mais ils n'illustrent leurs critiques d'aucun fait précis. Ils apportent dans leurs attaques une fougue et une violence inouïes, mais d'exemples, point ! Or, quand on accuse, il ne suffit pas d'affirmer : il faut encore... prouver.

Mais voyons donc si ces plaintes sont fondées ! Pour tout ce qui touche au *statut personnel*, les israélites sont soumis à la loi mosaïque, appliquée par un tribunal spécial, le tribunal rabbinique, où l'élément musulman n'est point représenté. Nos protestataires prétendent, il est vrai, qu'ils ne veulent plus de cette juridiction et qu'il est indigne d'un gouvernement éclairé et laïque d'imposer une loi de caractère religieux à des esprits affranchis, à des consciences libérées... Nous voulons bien les croire, quoique nous ayons des raisons sérieuses de penser que la masse, essentiellement conservatrice, manifesterait un vif mécontentement si l'on s'avisait de toucher à ses rabbins.

Les affaires civiles étrangères au statut personnel et les affaires pénales sont de la compétence de la justice séculière (tribunaux régionaux et Ouzara). Personne ne soutiendra que la législation pénale en vigueur devant ces tribunaux est régie par le Coran ou les hadiths. On n'a jamais vu, que nous sachions, un voleur condamné à l'amputation de la main, ou un adultère puni de la lapidation ! Non, cette législation n'a aucun caractère confessionnel ; elle s'inspire bien plus des besoins de la sécurité et de l'ordre public que des livres religieux musulmans. Pour s'en convaincre, il suffirait de jeter un coup d'œil sur les différents décrets qui forment l'embryon du droit pénal tunisien.

Prétendra-t-on que le témoignage de l'israélite en justice n'est pas admis, ou que les juges n'y attachent qu'une foi relative? Les avocats israélites qui plaident devant ces juridictions savent mieux que nous s'il est fait une différence quelconque entre témoins juifs et arabes!

Il en est de même des affaires civiles, aujourd'hui surtout que le Code tunisien est promulgué. Qu'on nous montre, dans les 1632 articles que renferme ce Code, une seule disposition pouvant froisser les susceptibilités religieuses des juifs ou diminuer leur personnalité, et nous passerons condamnation. La seule différence de traitement que nous y voyons est faite, en faveur... *des israélites,* par les articles 1095 et 1096, qui consacrent à leur profit exclusif le *prêt à intérêts,* formellement interdit aux musulmans!

Mais si le rattachement à la Justice française ne se justifie ni *en fait,* ni *en droit,* en revanche une réorganisation complète du système actuel s'impose, dans l'intérêt de tous les justiciables, sans distinction de race ou de religion, et c'est à cette réorganisation que tendra la conclusion de notre étude.

PROJET DE RÉORGANISATION

Que sera cette réorganisation?

Voilà plus de deux ans que la réforme de la Justice tunisienne est à l'ordre du jour. L'opinion publique française, généralement indifférente aux questions purement indigènes, mieux éclairée cette fois par les plaintes des justiciables, mieux renseignée par les révélations de la presse et les critiques fondées que les journaux de toutes nuances ont dirigées contre cette institution, a fini par s'alarmer de la situation, et, se joignant aux intéressés, elle réclame aujourd'hui avec insistance l'amélioration d'un système qui mécontente tout le monde.

Dans ce concert de récriminations, pas une voix ne s'est élevée ni ne s'élèvera pour défendre une organisation... indéfendable qui constitue, par son infériorité et ses imperfections notoires, un véritable danger public.

Seul le Gouvernement semble contester la légitimité de ces protestations et oppose aux revendications persistantes des Tunisiens une force d'inertie inexplicable. Non seulement rien n'a été tenté jusqu'ici pour remédier à la situation, mais encore rien ne dénote chez nos gouvernants le désir de donner satisfaction à la population ; et les justiciables continuent de souffrir de cette absence de justice régulière, et les Pouvoirs publics continuent de piétiner dans l'anarchie et l'incohérence !

Eh bien ! il est temps que l'Administration supérieure réagisse contre sa passivité et son optimisme aveugle et se décide à entrer résolument dans la voie du progrès. Il y va de son bon renom ; il y va de son prestige ; il y va enfin de l'intérêt supérieur de ses deux millions d'administrés ![1]

A notre avis, le Gouvernement devrait désigner d'urgence une commission composée de magistrats français et indigènes, de notabilités administratives et judiciaires, de membres compétents et éclairés de la jeune génération tunisienne, qui représente l'esprit moderne et réformiste, en vue d'étudier cette importante question sous toutes ses faces et de préparer, dans un délai déterminé, un plan complet des réformes à réaliser.

Voici quelles devraient être, d'après nous, les bases de cette réorganisation :

Il faudrait d'abord que le champ d'action de la Commission, très vaste, soit néanmoins circonscrit par les principes suivants, qui sont pour nous des axiomes et dont elle devra s'inspirer si elle veut faire œuvre consciencieuse et durable :

1o Le pouvoir judiciaire doit être rigoureusement séparé et absolument indépendant du pouvoir administratif;

2o La justice, rendue au nom de S. A. le Bey, ne doit en aucun

---

[1] On a vu, par les notes au bas des pages qui précèdent, que le Gouvernement s'est ému de la situation, puisqu'il a édicté plusieurs mesures visant à l'amélioration de cette justice. Toutefois, nous estimons que ce ne sont là que des demi-mesures absolument insuffisantes. Les Tunisiens demandent à l'Administration non pas des réformes partielles, mais une réorganisation complète.

cas être *retenue,* mais *déléguée* par le Souverain, à tous les degrés de juridiction ;

3° Le principe du double degré de juridiction doit être étendu à toutes les affaires indistinctement ;

4° Il ne peut pas y avoir de tribunaux sans *codes* et sans *magistrats capables* de les comprendre et de les appliquer.

L'application de ces principes absolus, sur lesquels il ne saurait y avoir de concessions possibles, nous donnera une organisation parfaite, de nature à satisfaire les plus exigeants.

A notre avis, la Justice tunisienne devra comprendre trois ordres de juridictions :

a) Les tribunaux simples de canton ;
b) Les tribunaux régionaux ;
c) La Cour d'appel de l'Ouzara ou Chambre de Cassation.

a) Tribunaux simples de canton

Il sera institué dans chaque canton ou khalifalik un Tribunal composé d'un *juge unique* assisté d'un greffier-notaire. Ce Tribunal fonctionnera sous la surveillance et le contrôle du Tribunal régional de la circonscription.

En *matière civile,* il connaîtra des actions mobilières et personnelles, en dernier ressort jusqu'à concurrence de cinquante francs, et jusqu'à deux cent cinquante francs à charge d'appel ;

En *matière pénale,* il sera Tribunal de simple police, en même temps qu'auxiliaire du Parquet du Tribunal régional dont il dépend ; il fera, en cette qualité et sur délégation, toutes informations utiles et toutes enquêtes sur les délits et les crimes commis dans le ressort.

Le juge unique aura en outre sous sa dépendance deux ou trois notaires-huissiers, suivant l'importance de la circonscription.

Ces auxiliaires de la justice, chargés des constats et de l'exécution des jugements, instrumenteront sous le contrôle direct du magistrat de canton, qui, en cas de difficultés, statuera, dans les limites de sa compétence, comme juge des référés.

L'institution de ce premier degré de juridiction marquera la séparation des pouvoirs judiciaire et administratif *par en bas;* en sorte que toutes les attributions judiciaires actuellement détenues par les caïds, les khalifats et les cheikhs échapperont à ces représentants de l'Administration pour se concentrer entre les mains du juge unique.

Cette réforme aura encore pour conséquence de soustraire enfin les justiciables tunisiens à l'arbitraire des caïds, aux abus constants, aux exactions journalières, aux dénis de justice révoltants qui sont commis dans les caïdats par un personnel généralement ignorant et brutal, dont la seule préoccupation est de *faire suer le burnous.*

Car, il faut avoir le courage de le dire, le peuple souffre de l'oppression de ses chefs beaucoup plus que de la sécheresse ou de n'importe quel autre fléau. Certes, il y a d'honorables exceptions, et nous connaissons des caïds d'une absolue probité et d'une impartialité à toute épreuve. Mais, à côté de ceux-là, combien n'en est-il pas qui ne méritent ni la confiance du Gouvernement ni le respect de leurs administrés! Dépourvus de culture intellectuelle et d'éducation morale, parfois complètement illettrés, issus, en un mot, d'un recrutement défectueux, ils n'ont aucune notion du devoir et sont indignes des fonctions délicates dont ils sont investis.

Or, au-dessous des caïds, même les plus honorables, s'agite tout un monde de secrétaires, de cheikhs et de khalifats qui présentent en général fort peu de garanties. Insuffisamment payés, échappant souvent à la surveillance même la plus attentive, ils sont les maîtres incontestés du territoire et trompent leurs chefs avec la dernière effronterie.

Livrés sans défense à la toute-puissance de ces agents et à l'appétit de leurs sous-ordres, le fellah comme le propriétaire sont exploités sans merci. Ils gémissent, mais n'osent pas se plaindre parce qu'ils craignent de s'exposer à des vengeances terribles.

Ces fonctionnaires, grâce aux pouvoirs exorbitants qu'ils détiennent, ne disposent-ils pas en effet de la personne et des biens de leurs ressortissants! Aussi les fortes têtes — nous entendons par là ceux qui ont quelque conscience de leurs droits et veulent les défendre — sont-elles vite matées!

Rares en effet sont les actes de la vie sociale ou économique qui n'appellent l'intervention de l'autorité administrative ou judiciaire, en sorte que tout homme qui a des intérêts à soutenir est fatalement amené à se présenter devant le cheikh ou le khalifat ou dans les bureaux du caïdat, et alors, selon qu'il consentira à « *faire manger* » ou refusera de « *graisser la roue* », notre homme sera innocent ou coupable, honorable ou dangereux.

Il faudrait, en vérité, un volume pour décrire la lamentable existence de l'Arabe, que nos gouvernants ne voient que sous les dehors brillants des fantasias. Mais cette question sera traitée avec tous les développements qu'elle comporte dans l'étude sur l'Administration générale que nous nous proposons d'entreprendre.

Il nous suffit aujourd'hui de signaler le mal au point de vue judiciaire et d'indiquer les bienfaits et les avantages qui résulteront de l'institution du juge unique.

Un de ces avantages, et non des moindres, sera la suppression des *hodja*, cette plaie de la justice tunisienne actuelle, et leur remplacement par la procédure plus régulière et moins fantaisiste des enquêtes et contre-enquêtes dirigées par le magistrat de canton en personne.

Les *hodja* sont des actes mentionnant les déclarations d'une partie et les dépositions de ses témoins, rapportées par deux notaires qui certifient les avoir entendues de la bouche de leurs auteurs.

Ah ! qui dira le mal souvent irréparable que ces actes ont causé, les ruines qu'ils ont consommées, les erreurs judiciaires qu'ils ont provoquées !

Que de droits méconnus à la suite de ces hodja ! que d'innocents injustement frappés, que de coupables restés impunis !

Qu'on en juge : le plaignant se présente devant deux notaires qui prennent acte de sa déclaration et recueillent ensuite les dépositions de ses témoins. Cette hodja, base de la demande, est déposée au Tribunal, qui en donne lecture au défendeur. Celui-ci n'a que la ressource de récuser les témoins pour des motifs sérieux et valables : inimitié ou parenté avec l'adversaire, qu'il doit prouver par le même moyen.

Déclare-t-il simplement ne pas connaître ces témoins ? la

hodja est alors admise par les juges, et le défendeur condamné. Inutile de demander la comparution personnelle des témoins devant le magistrat : d'une part, la justice tunisienne ne dispose pas de crédits lui permettant d'offrir cette garantie aux parties, et d'autre part, d'après l'usage, foi est due aux hodja jusqu'à preuve contraire.

Eh bien! ce mode de preuve, dangereux et antijuridique, a fait son temps ; les enquêtes personnelles du juge de canton et contre-enquêtes remplaceront avantageusement les témoignages que l'on... fabrique dans les officines des notaires.

Les confrontations avec les parties, les interpellations directes du juge, en un mot les *enquêtes contradictoires* contrôlées par le magistrat, apporteront seules la précision voulue dans les affaires et contribueront puissamment à donner aux Tunisiens une justice impartiale et régulière.

b) Tribunaux régionaux

Ces organes, qui sont actuellement au nombre de sept, y compris la Driba de Tunis, constitueraient *les tribunaux de première instance* de la nouvelle organisation judiciaire. Ils recevraient en conséquence des modifications sensibles portant sur leur *composition* et leur *compétence*.

Chaque organisme serait pourvu d'une ou deux chambres, suivant l'importance de la circonscription, avec un président, un vice-président, quatre juges titulaires, et deux juges suppléants chargés de l'instruction.

A côté de ce personnel *tunisien* de la magistrature assise, il serait créé, auprès de chaque tribunal, un parquet avec un premier substitut, pris indifféremment dans la magistrature *française* ou *tunisienne,* et, si le ressort est important, un deuxième substitut indigène. Ces magistrats agiraient au nom du Procureur général, en résidence à Tunis, et comme tels ils assisteraient aux audiences, prendraient des réquisitions, surveilleraient et dirigeraient, par ordonnances, les informations des juges d'instruction, et feraient toutes enquêtes criminelles, en personne ou par l'intermédiaire des juges uniques, sur commission rogatoire. Bref, l'action publique, *inexistante dans le système actuel,* serait ainsi régulièrement organisée et confiée à un personnel absolument indépendant du président du Tribunal et relevant directement du Parquet général de Tunis.

Les tribunaux régionaux connaîtraient, sur appel, des décisions rendues en premier ressort par les juges uniques de la circonscription, tant au civil qu'en matière de simple police.

Au pénal, ils statueraient sur les *délits*, à charge d'appel devant la Cour de l'Ouzara; en matière civile, ils connaîtraient des actions mobilières et personnelles, quel que soit leur taux, et des actions possessoires; ils connaîtraient encore des actions pétitoires et immobilières, le tout en premier ressort.

Un des avantages, inappréciables à notre avis, de cette nouvelle organisation, sera de permettre au Gouvernement d'enlever enfin au Charâ, ou tribunal religieux des cadis, la connaissance des affaires immobilières, qui a échappé jusqu'ici, on ne sait trop pour quelles raisons, à la justice séculière.

La Loi foncière a bien modifié la compétence immobilière du Charâ en soumettant les immeubles immatriculés à la juridiction française; mais cette réforme a été trop timide, elle devrait être complétée d'urgence par une mesure radicale qui rendrait les immeubles non immatriculés justiciables de la juridiction tunisienne séculière.

Tous les indigènes sans exception applaudiraient à cette réforme qu'ils attendent du Gouvernement avec une vive et légitime impatience.

Il est en effet inconcevable que la connaissance des procès les plus délicats et les plus importants soit laissée à un tribunal moyenâgeux devant lequel il n'y a ni procédure rationnelle, ni textes précis, ni jurisprudence établie et qui, en raison de ces nombreuses lacunes, ne rend presque pas de jugements. Les phases d'un procès au Charâ sont si longues, si nombreuses et si imprévues que, la plupart du temps, les justiciables, découragés, préfèrent abandonner la lutte plutôt que de se ruiner en frais inutiles; d'autres, après *cinq, dix* et *vingt ans* de procédure sans solution, finissent par transiger!

Nous n'oublierons jamais la réponse que nous fit, un jour, un oukil à ce sujet: « Voilà six ans, nous disait-il, que je plaide devant le Charà ; sur près de *cent vingt affaires* en cours, je n'ai obtenu que *six jugements.* » Un jugement par an ! !

Le Gouvernement ne saurait donc mieux manifester sa sollicitude pour la population indigène qu'en lui permettant de soumettre les litiges immobiliers aux tribunaux régionaux et à l'Ouzara.

C'est ce qui a d'ailleurs été fait en Algérie, à la satisfaction unanime des indigènes. Dans la colonie voisine, en effet, il y a beau temps que les cadis ont perdu toute compétence immobilière et ont dû se cantonner dans le domaine assez vaste du *statut personnel ;* mariage, divorce, répudiation et successions.

Rien ne s'oppose à ce que pareille réforme soit introduite en Tunisie.

c) L'Ouzara

L'Ouzara constituerait le deuxième degré de juridiction ou *Cour d'appel.* Il se composerait de trois Chambres : Chambre des appels civils, Chambre des appels correctionnels et Chambre criminelle, avec un premier président, recruté dans la magistrature française, deux présidents de Chambre, dont l'un français et l'autre tunisien, et six juges ou conseillers indigènes.

A côté, et formant une magistrature distincte et indépendante, il serait institué un Parquet ayant à sa tête un procureur général, chef du Ministère public dans toute la Régence, qui serait toujours un magistrat de carrière français, et trois substituts ou avocats généraux indigènes.

Au-dessous, on créerait un service de traduction fortement organisé avec un interprète principal et des interprètes titulaires et auxiliaires, sérieux et capables, qui assisteraient aux audiences et assureraient la traduction de toutes pièces produites par les parties moyennant une légère rétribution à déterminer.

Enfin, divers agents auxiliaires compléteraient cette organisation, tels que greffiers, commis-greffiers et huissiers-notaires, ces derniers chargés de la signification des actes judiciaires et extra-judiciaires, de l'exécution forcée des jugements et arrêts et autres titres exécutoires, et du service des audiences.

La Cour de l'Ouzara fonctionnerait sous le régime de la *justice déléguée* et rendrait par conséquent ses arrêts en audience publique.

Cette réorganisation entraînerait la suppression des *Sections* actuelles, qui n'auraient plus de raison d'être; les chefs de ces Sections, aujourd'hui tout-puissants — trop puissants même, parce que travaillant dans l'ombre sous le seul et... illusoire contrôle du Directeur des Services judiciaires — passeraient dans d'autres services qu'il faudrait renforcer, tels que le Greffe, le Parquet ou l'Instruction, et seraient ainsi mis dans l'impossibilité absolue d'intervenir dans les délibérés.

De même, la Direction des Services judiciaires serait réduite à un rôle *purement administratif*. N'ayant plus à connaître des affaires en cours, n'ayant plus à diriger des procédures civiles ou pénales, en un mot n'ayant plus d'action sur les Chambres, elle constituerait une Section relevant du Secrétariat général et du Premier Ministre du Gouvernement Tunisien, et centraliserait tout ce qui a trait à l'administration de la Justice tunisienne (budget intérieur, nominations, congés, locaux, etc., etc.)

Au-dessus de la Cour d'appel de l'Ouzara, il serait créé une *Chambre de Cassation* ou juridiction suprême, qui compléterait heureusement l'organisation dont nous venons de tracer les grandes lignes.

Cette Chambre de Cassation ne connaîtrait jamais des faits de la cause ni du fond de l'affaire, mais elle statuerait sur les recours contre la violation ou la fausse application des lois et assurerait ainsi l'unité et la fixité de la jurisprudence.

Pour atteindre plus sûrement ce dernier but, cette Chambre, qui siégerait deux fois par mois, serait composée :

1) Du Président du Tribunal français de première instance de Tunis ;

2) Du Président du Tribunal mixte immobilier ;

3) Du Président de la Cour de l'Ouzara ;

4) De deux conseillers indigènes pris dans les Chambres étrangères à l'arrêt objet du pourvoi.

Outre l'économie sérieuse qui résulterait pour le Budget tunisien du fait de cette composition, cette collaboration entre les représentants autorisés des deux Justices française et tunisienne aurait des effets très appréciables tant au point de vue de l'*homogénéité* et de la *fixité* de la jurisprudence, actuellement si incohérente, qu'au point de vue de la solution des conflits de juridiction.

d) Codes et Magistrats

Si la réforme judiciaire devait se borner à la création des organes déjà énoncés, elle serait forcément incomplète, et les indigènes ne trouveraient pas dans la nouvelle organisation toutes les garanties auxquelles ils ont droit.

Les organismes fonctionnant sous le régime du double degré de juridiction et de la séparation des pouvoirs sont en effet impuissants, à eux seuls, à assurer une *justice régulière.*

Pour réaliser l'*idée du juste,* qui est à la base de tout système judiciaire, il faut que les rapports des hommes soient régis par des lois écrites, par un droit positif, par des règles impératives, obligatoires, réunies en codes, qui s'imposent avec une égale force à celui qui les applique et à celui qui les subit.

Qu'on ne vienne pas dire que la présence de magistrats de carrière français à la tête des nouveaux organes judiciaires offrira des garanties suffisantes aux plaideurs, et que ces derniers trouveront toujours, dans l'esprit de sagesse et de prévoyance de ces magistrats, dans leurs sentiments élevés et généreux, inspirés des traditions de corps, la sauvegarde de leurs droits et de leurs intérêts.

Le magistrat est homme — or, l'homme, par essence, est despote — et si ses pouvoirs ne sont pas limités par des textes formels, si sa conscience et son jugement peuvent prendre librement leur inspiration en dehors d'un droit positif, insensiblement le juge devient législateur, puis administrateur, insensiblement la notion des principes juridiques s'obscurcit chez lui, et de bonne foi il est amené à tenir compte des considérations, variables et *trompeuses*, d'utilité, de convenance, d'à-propos, et à placer ces circonstances de temps et de lieu bien au-dessus des *principes de droit* proprement dits ; en un mot, c'est la confusion des pouvoirs législatif et exécutif, avec toutes ses conséquences et tous ses dangers.

Les exemples de cet état d'esprit abondent.

C'est pourquoi nous pensons que, pour mettre les justiciables à l'abri de ces tendances fâcheuses et donner aux droits sacrés de la personnalité humaine les garanties que toute société policée doit à tous ses membres indistinctement, il faut de toute nécessité définir et déterminer, par des textes précis, les rapports des hommes entre eux et lier le juge, chargé d'appliquer ces textes, par des dispositions législatives impératives ; il faut, en un mot, promulguer des *codes* où le plaideur trouvera la garantie de ses droits et l'indication de ses devoirs, où le magistrat verra la limite précise de ses pouvoirs, où l'indigène puisera la conception des prérogatives et l'affirmation des obligations attachées à sa personnalité.

Ainsi, l'œuvre de justice complétera heureusement la réforme politique et administrative entreprise par le Protectorat, et contribuera puissamment à la régénération sociale de tout un peuple.

Quels seront ces codes ?

On n'a pas à les faire, car ils existent déjà ! Nous voulons parler des codes en vigueur en Egypte, où ils sont appliqués, depuis 1883, par les tribunaux indigènes à une population musulmane, israélite et copte, à la satisfaction de tous ; c'est assez dire qu'ils ont fait leurs preuves.

Le Gouvernement Tunisien n'a donc qu'à promulguer dans la Régence ces Codes *civil*, *de commerce*, de *procédure civile et commerciale*, *pénal* et *d'instruction criminelle*, avec faculté, à mesure que la pratique révélerait des imperfections, de détail ou des incompatibilités avec les règles de droit public tunisien, d'y remédier par voie de décrets.

Il va sans dire que la promulgation de ces Codes entraînera une révision des conditions de recrutement de la magistrature indigène.

A l'origine de l'établissement de la justice séculière, aucune condition d'aptitude technique n'était exigée des candidats aux fonctions de magistrats ; depuis quelques années on semble nommer de préférence des *moutaouâ* ou licenciés de la Grande Mosquée.

Ce titre ne saurait suffire dans la nouvelle organisation. A notre avis, il faudrait créer à Tunis deux ou trois chaires de droit où seraient professées, en arabe et en français, les matières juridiques, en trois cycles d'études de chacun une année. Cet enseignement serait sanctionné par un diplôme délivré, après examen, à la fin de la troisième année.

Tous les magistrats seraient recrutés exclusivement parmi les jeunes gens pourvus de ce diplôme, ou de la licence en droit acquise dans une faculté de France, avec, en plus, dans ce dernier cas, le diplôme supérieur d'arabe.

*
* *

Nous venons d'examiner minutieusement, et en toute indépendance, les différents rouages de la juridiction indigène, dont le fonctionnement nous a révélé des imperfections graves, conséquence de principes mauvais, exclusifs de toute garantie et, par suite, d'une bonne justice. La conclusion est que le système actuel ne saurait être maintenu ; que le Gouvernement du Protectorat manquerait à son devoir s'il se désintéressait plus longtemps d'un état de choses qui a soulevé les plaintes unanimes de la population tunisienne. Il faut donc un remède immédiat et radical.

Certes, si le Gouvernement devait opposer à ces doléances une fin de non-recevoir systématique, s'il manifestait l'intention de ne rien changer à l'ordre de choses établi, les Tunisiens seraient les premiers à conclure à la suppression de ce régime et au rattachement de tous les indigènes aux tribunaux français !

Mais tel n'est pas le cas ; nous croyons savoir, en effet, que l'Administration supérieure s'est émue de la situation et se préoccupe de donner satisfaction à l'opinion publique. Et comme, par ailleurs, cette institution, pour mauvaise qu'elle soit, est, à notre avis, *perfectible,* nous avons nettement conclu à sa *réorganisation.*

Sans prétendre avoir dit le dernier mot en une matière aussi délicate, nous avons tracé les grandes lignes de la réforme judiciaire que nous préconisons.

Nous estimons toutefois qu'avant d'entreprendre quoi que ce soit, le Gouvernement devrait désigner une commission, composée de personnalités compétentes, françaises et indigènes, à qui serait dévolue la tâche de préparer, dans un délai déterminé, un travail complet sur la question.

Cette commission, pour faire œuvre utile, devra avoir un champ d'action limité par certains principes généraux qu'elle n'aura pas à discuter, mais dont elle devra s'inspirer résolument.

Nous avons dit quelles étaient, à notre sens, ces idées directrices :

1º Séparation des pouvoirs judiciaire et administratif ;

2º Promulgation de codes complets ;

3º Formation d'un personnel capable et convenablement rétribué ;

4º Multiplicité des voies de recours (appel et cassation) ;

5º Création de parquets ; ce qui permettra de faire collaborer des magistrats *de carrière* français avec des juges indigènes.

Ces principes, dont nous avons montré plus haut le jeu et l'application, nous paraissent donner satisfaction aux plus exigeants, en assurant à tous une justice régulière.

Objectera-t-on que l'indigène peut se contenter d'une organisation mi-administrative, mi-judiciaire ? Dira-t-on qu'en Tunisie la population autochtone, encore arriérée, n'a que faire d'une justice basée sur les principes ci-dessus rappelés qui dominent les organisations des pays civilisés ? Soutiendra-t-on, enfin, qu'à l'indigène il faut une justice appropriée à sa mentalité et à son degré de civilisation ? Nous ne pensons pas que pareils arguments puissent être retenus.

Il est en effet indéniable que *la Justice est une*, qu'elle ne saurait se modifier dans son essence suivant les latitudes ou suivant les mœurs de chaque population.

Il y a des principes fondamentaux qui correspondent à un besoin inné chez toutes les fractions de l'Humanité, à quelque race qu'elles appartiennent, en quelque contrée qu'elles habitent. Ces principes, par leur caractère d'universalité, sont en quelque sorte éternels et immuables et s'adaptent par conséquent à tous les milieux et à toutes les sociétés Il n'est pas nécessaire que l'intelligence de l'homme soit à même d'en saisir la portée, il suffit que leur application lui assure *la justice,* le garantisse contre l'arbitraire, le protège contre les abus et sauvegarde ses droits.

C'est en s'inspirant de ces vérités que la Turquie, sous la pression de l'Europe, a renversé dès 1878 les derniers vestiges d'un système judiciaire inférieur et donné à ses sujets une organisation calquée sur celles de l'Occident.

C'est pour les mêmes motifs que l'Angleterre, dès le début de l'occupation et avant toute autre entreprise, sans se préoccuper de savoir si le fellah de 1883 était mûr pour cette réforme, a donné aux Égyptiens une organisation judiciaire moderne et complète, comprenant les Codes Napoléon élagués seulement des parties relatives au statut personnel.

Il appartient à la France républicaine de dissiper le malaise général dont souffrent ses protégés. Il ne suffit pas de couvrir le sol de la Régence de routes et de voies ferrées : il faut, pour s'assurer la reconnaissance éternelle de la population indigène, réaliser dans l'ordre moral les mêmes progrès que dans l'ordre matériel !

HASSAN GUELLATY,
Avocat au Barreau de Tunis.

LES ISRAÉLITES ET LA JUSTICE

LES ISRAÉLITES & LA JUSTICE

Les israélites tunisiens, dans le meeting qu'ils ont tenu le 3 octobre, ont voté une motion réclamant le rattachement des juifs indigènes à la juridiction française.

Cette revendication n'est pas nouvelle. C'est au Congrès colonial de Marseille, en 1906, qu'elle a été pour la première fois, je crois, formulée catégoriquement. L'an dernier, au Congrès de l'Afrique du Nord qui s'est tenu à Paris, M. Smaja — le père de la proposition — a de nouveau soutenu ses conclusions tendant à détacher les israélites tunisiens des juridictions indigènes, qui ont été maintenues par le Gouvernement du Protectorat.

Devant les deux assemblées, cette proposition n'eut pas de succès : M. de Dianous à Marseille, M. Berge à Paris, l'ont combattue à l'aide d'arguments qui ont convaincu sans peine la majorité des congressistes.

Mᵉ Tibi, dans son discours au meeting de l'autre jour, a cherché à réfuter la thèse de ces messieurs. Il nous semble, d'après les comptes rendus des journaux — n'ayant pas eu l'honneur d'être invité à la réunion — que l'orateur a attribué le rejet de la proposition Smaja au fait qu'on aurait affirmé aux congressistes que la masse des israélites tunisiens désirait le maintien de l'état de choses actuel. Sans doute, cette raison a été invoquée, mais il y en a eu d'autres. Les arguments développés par MM. Berge et de Dianous sont de plusieurs ordres ; nous nous dispenserons de les reproduire ici, nos contradicteurs ayant toutes facilités de se reporter aux procès-verbaux. Aussi bien, n'avons-nous pas l'intention de prendre la défense de deux personnalités dont la compétence dans les questions tunisiennes est indiscutable.

Nous suivons depuis longtemps la campagne très active que

mène contre la Justice tunisienne un groupe d'israélites indigènes. Au lieu de critiquer le principe même de cette juridiction, qui est tenue dans une étroite tutelle par l'Administration ; de montrer les inconvénients qui résultent pour les
justiciables de cette confusion des pouvoirs ; de faire ressortir
que la plupart des magistrats n'ont ni la compétence ni l'indépendance voulues ; que ces tribunaux jugent sans codes, ce
qui ouvre un libre champ à l'arbitraire et autorise toutes les
critiques — tous arguments que notre ami Guellaty a longuement développés dans *le Tunisien* — les israélites se contentent d'affirmer que la Justice tunisienne est mauvaise parce
qu'elle est musulmane et parce qu'elle est rendue par des juges
musulmans, qui, *volentes nolentes,* sont guidés par un esprit
de fanatisme.

Or, ils savent à merveille que l'Ouzara ne juge nullement
d'après la loi religieuse ; que les juges musulmans, qui, avant
l'occupation, ne se montraient pas intolérants à l'égard des
juifs, ne le sont pas davantage aujourd'hui ; que d'ailleurs, au-
dessus de ces juges, il y a le Directeur des Services judiciaires,
qui est un magistrat français de carrière, et le Secrétaire général du Gouvernement Tunisien, qui est un fonctionnaire français ! Sans doute, ils savent tout cela, mais il leur faut, à tout
prix, discréditer aux yeux de l'opinion métropolitaine la Justice tunisienne !

N'avons-nous pas lu dernièrement, dans un des journaux
du groupe, une protestation véhémente contre la condamnation à mort d'un vulgaire malfaiteur israélite, convaincu d'avoir
assassiné un de ses coreligionnaires ? Les preuves étaient indiscutables ; la mère de la victime assiégeait journellement les
bureaux de la Direction des Services judiciaires, demandant à
grands cris qu'on lui rende justice et qu'on venge le meurtre
de son fils. Nous aurions compris que le journal auquel nous
faisons allusion s'élevât contre la peine de mort ou qu'il plaidât
les circonstances atténuantes, comme, par exemple, le jeune
âge de l'accusé..., pas du tout ! Il affirmait purement et simplement qu'aux yeux des israélites, il était inadmissible qu'un
des leurs, fût-il le dernier des assassins, pût être condamné à
mort par un tribunal indigène ; ils se seraient, au contraire, in-
clinés si le jugement avait été rendu par un tribunal français...

On le voit, pour le groupe israélite dont nous parlons, peu importe que la Justice tunisienne ait raison ou qu'elle ait tort : elle est composée de juges musulmans, donc elle est mauvaise ! Et, certes, cela nous étonne de la part de quelques-uns de nos amis israélites qui avaient fait preuve jusqu'ici d'un peu plus de tolérance et de logique.

Que les israélites demandent leur rattachement à la juridiction française, ou même leur naturalisation en masse, c'est leur droit. La condition de protecteur est en effet préférable à celle de protégé. Mais, alors, qu'ils donnent les vrais motifs de leurs revendications ; qu'ils signalent nettement les défauts de l'organisation judiciaire actuelle et les inconvénients multiples qui en résultent pour les justiciables !

Pour nous, la Justice tunisienne est perfectible, et il n'appartiendrait qu'au Gouvernement Tunisien de la rendre aussi parfaite que peut l'être une institution humaine, en entreprenant résolument les réformes que nous avons maintes fois indiquées :

Choisir les magistrats parmi les Tunisiens qui ont une connaissance approfondie non seulement de la langue arabe, mais aussi du droit français. Créer à Tunis une chaire de droit à l'intention des jeunes gens qui n'ont pas les moyens d'aller étudier dans la métropole. Faire une situation honorable aux juges indigènes, au lieu de les faire débuter à des traitements dérisoires. Doter au plus vite les tribunaux indigènes des codes qui leur font encore défaut ; et pour cela, il faudrait s'adresser à des personnalités compétentes : tels les présidents de chambre du Tribunal français ou des professeurs de droit.

Nous avons aussi demandé que des magistrats français de carrière soient adjoints aux magistrats indigènes. Par ailleurs, au Congrès de l'Afrique du Nord, nous avons fait voter un vœu tendant à admettre les israélites à concourir pour les emplois de la magistrature tunisienne.

Eh bien ! du jour où le Gouvernement se déciderait à accomplir ces réformes, pourquoi n'obtiendrait-il pas les résultats auxquels on est, en peu de temps, arrivé dans d'autres pays ?

Est-ce que l'Egypte n'est pas parvenue à réformer sa justice indigène? Grâce à l'habile politique du gouvernement anglais et aux sages mesures prises par lord Cromer, il y eut, au bout de quelques années, un nombre plus que suffisant de licenciés en droit et de docteurs, formés dans les facultés de France et du Caire, qui sollicitèrent l'honneur d'être admis dans la magistrature de leur pays. On leur a fait des situations fort honorables qui les ont mis de suite à l'abri de la suspicion. D'autre part, le Code Napoléon a servi de base pour la rédaction du Code égyptien.

Aujourd'hui, les tribunaux indigènes d'Egypte jugent les musulmans, les Coptes chrétiens, les israélites, les Syriens catholiques. Aucune plainte n'a surgi jusqu'ici; tout le monde est donc satisfait.

Pourquoi n'en serait-il pas de même en Tunisie? Sommes-nous donc intellectuellement inférieurs aux Egyptiens? Nul n'oserait le soutenir. Pourquoi, alors, les israélites repoussent-ils toute idée de réforme pour la Justice tunisienne?

Me Tibi nous dit : « Les israélites tunisiens ne veulent pas d'une justice mixte indigène, même avec des magistrats israélites. Ils ne veulent pas de la justice indigène, sous aucune modalité ».

Pourquoi donc notre ami, qui a l'habitude de discuter en présentant des arguments à l'appui de sa thèse, se contente-t-il aujourd'hui de prononcer une sentence condamnant par avance toutes les bonnes intentions? Ne serait-il pas sage, au lieu de repousser *de plano* cette juridiction mixte, d'en faire un essai loyal?

Mais supposons pour un instant que les israélites tunisiens, obtenant satisfaction, deviennent justiciables des tribunaux français.

Quelle sera leur situation au regard du gouvernement absolu de S. A. le Bey, représenté en l'occurrence par le Secrétariat général? Nul n'ignore qu'à l'encontre des indigènes son pouvoir est illimité; il fait et défait les décrets, qui font ici office de lois, les applique à son gré ou n'en tient aucun compte.

Un israélite sera-t-il, par simple décret beylical, interné à Kerkenna ou à Gabès? Pourra-t-il être éloigné des lieux où est établie sa famille et où il a ses affaires, et cela sur un simple rapport du caïd le signalant comme un individu dangereux ?

Pourra-t-on emprisonner un israélite pour non-payement de la medjba, comme, d'une façon générale, on le fait aujourd'hui pour tout sujet tunisien qui ne veut pas se mettre en règle avec le fisc ? Ou bien le caïd devra-t-il poursuivre l'israélite devant les tribunaux de droit commun, au risque de faire supporter à l'Etat les frais de la poursuite si cet individu ne possède rien ?

Un débiteur israélite subira-t-il la contrainte par corps ? De la même façon, les israélites auront-ils la faculté de faire emprisonner leurs nombreux débiteurs musulmans quand ceux-ci ne seront pas en état de faire honneur à leur signature ?

Autant de points qui seraient intéressants à étudier, mais que les orateurs de l'autre jour ont laissés dans l'ombre.

Si les israélites tunisiens, tout en relevant de la juridiction française, doivent rester, comme les musulmans, soumis au pouvoir absolu du gouvernement beylical, nous ne voyons, pour notre part, aucun inconvénient à leur donner satisfaction.

Que si, au contraire, leur rattachement à cette juridiction doit les élever d'un échelon au-dessus des musulmans et les soustraire aux désagréments du régime actuel, nous demandons pourquoi on créerait en leur faveur une situation privilégiée. Si le régime est à réformer, il doit l'être pour tous les indigènes, sans distinction aucune !

Quant à nous, nous ne voulons pas nous prononcer sur le sort de la justice tunisienne avant de connaître les intentions du Gouvernement au sujet des réformes que nous réclamons avec tant d'insistance.

La Conférence Consultative aura sans doute, dans quelques jours, à traiter cette importante question. Nous osons espérer qu'après la discussion sur la medjba et l'examen du budget, elle disposera d'assez de temps pour que le débat sur la Justice ait toute l'ampleur qu'il comporte. Elle aura à cœur de doter les justiciables tunisiens, sans exception, d'une juridiction offrant à tous les mêmes garanties ; car il ne faut pas oublier que si, trop souvent, sous le régime actuel, des indigènes sont lésés dans leurs intérêts, ce ne sont ni les gens des villes, ni les israélites, mais bien les malheureux Arabes du bled, toujours à la merci de la rancune d'un cheikh ou de l'indifférence d'un caïd!

D'après les déclarations que ne manquera pas de faire, à cette occasion, le Gouvernement, nous saurons s'il a la ferme résolution de porter remède à la situation actuelle. S'il manifeste l'intention de hâter la réorganisation que les hésitations du Dar-el-Bey ont toujours retardée, nous attendrons le résultat des réformes.

M. Alapetite, nous le savons, ne fera pas de vagues promesses. Il fera connaître nettement à la Conférence les intentions du Protectorat, et, le cas échéant, nous saurons lui faire crédit. Que si, cependant, le Gouvernement n'était pas disposé à entrer dès à présent dans la voie des réformes, nous n'hésiterions pas à nous joindre à nos compatriotes israélites pour demander la suppression de la juridiction tunisienne.

A. ZAOUCHE,
Membre de la Conférence Consultative.

LES ISRAÉLITES TUNISIENS

LES ISRAÉLITES TUNISIENS

Ce n'est pas sans une certaine appréhension que j'aborde pour la première fois l'examen de la question du rattachement des israélites tunisiens à la juridiction française, en ce moment à l'ordre du jour.

Il est toujours mal aisé de se mouvoir librement dans une discussion où les arguments juridiques et impersonnels ne sont pas seuls en cause, et où les données historiques, les principes sociologiques et les constatations ethnologiques jouent un rôle important. Je crains que des esprits timorés n'interprètent dans un sens trop étroit certaines critiques qu'une étude consciencieuse m'oblige à émettre. Je compte de nombreux amis parmi la jeunesse israélite, et je ne veux en aucune façon blesser leur susceptibilité. Qu'il me suffise de leur déclarer que je n'entends nullement faire œuvre de polémique, mais étudier en toute sincérité un problème dont seul le côté objectif m'intéresse.

Origine et nationalité des israélites indigènes

Dans le meeting que, sur la convocation d'un des leurs, ont tenu dernièrement les israélites tunisiens, la motion suivante a été adoptée à l'unanimité :

« Les israélites de Tunis, réunis aujourd'hui 3 octobre 1909, à l'hippodrome de l'avenue de Carthage, au nombre de 5.000 (2.000 personnes étant restées dehors faute de place), protestent contre les affirmations faites aux Congrès de Marseille et de Paris tendant à les représenter comme partisans de la justice indigène.

« Ils affirment au contraire ne vouloir être justiciables que des tribunaux français et sollicitent du Gouvernement de la République leur rattachement au plus tôt à cette juridiction. »

Il saute aux yeux que la mesure qui réaliserait l'espérance
ainsi manifestée par les juifs tunisiens les assimilerait du même coup, sous le rapport judiciaire, aux étrangers résidant en
Tunisie. Or, cette transformation ne paraît pas anormale à
certains auteurs israélites qui semblent les considérer comme
des étrangers, formant de petits Etats solidement organisés
au milieu de l'anarchie de l'Etat musulman. [1] Ce n'est que
depuis l'avènement de la famille husseïnite, au commencement
du xviiie siècle, que, selon eux, la Tunisie commençant à subir l'influence du droit des gens européen, la nationalité tunisienne se serait constituée et aurait englobé les juifs de la
Régence.

Cette thèse originale, que soutient notamment mon confrère
et ami Me Jacques Chalom, avocat au barreau de Tunis, ne
me paraît pas conforme à l'exacte vérité historique. Que sont
en effet les israélites tunisiens? Comment leur groupement
s'est-il constitué dans ce pays? Quel y a été leur statut politique?

Si on laisse de côté les quelques rares débris de la population juive qui ont subsisté après la chute de la domination
romaine, notamment dans l'île de Djerba et le Sud tunisien,
on peut considérer que l'acclimatement de la population juive
parmi les musulmans de Tunis date principalement du milieu
du ive siècle de l'hégire. Les fugitifs d'alors, protégés par le
grand savant musulman de l'époque Sidi Mahrez, jetèrent les
fondements de la vraie cité juive qui subsiste de nos jours. Le
groupe de leurs habitations fut la « Harat-el-Yéhoud » (quartier
des Juifs) qui, en se développant, a formé le grand quartier
connu encore aujourd'hui sous ce nom. C'est à cet embryon,
accru depuis par son propre développement et le renfort de
nouveaux immigrants venus surtout d'Espagne au fur et à mesure des progrès de la conquête chrétienne, qu'il faut s'atta-
cher pour déterminer la situation politique des juifs tunisiens.

C'est une tâche qui n'est pas difficile pour celui qui veut
recourir aux données de l'histoire. Il serait intéressant tout

---

[1] JACQUES CHALOM : *Les Israélites de la Tunisie.*

d'abord de rechercher quelle a été la situation des juifs sous la domination romaine, surtout au commencement de l'Empire et avant l'apparition du christianisme.

A Rome, les troupes de captifs juifs amenés par Pompée, une fois affranchis, formèrent un groupe sur la rive droite du Tibre, qui fut la première communauté juive légalement constituée. C'était un de ces *collegia* tolérés en certains quartiers distincts, *le culte des dieux locaux s'opposant à leur participation à la vie de la cité.*

A part son exclusion de la cité, la communauté juive à Rome jouissait de grandes libertés intérieures.

La situation des israélites au commencement de l'Empire romain ressemblait beaucoup à celle des Arabes d'Algérie après la conquête française. [1] « Ainsi, la juridiction des Synagogues sur leurs propres se borna toujours aux questions légales du for ecclésiastique, si l'on peut parler ainsi. En ce qui concerne les lois de police et d'ordre public, le juif n'avait aucune exemption. Quant à leurs procès entre eux, ils avaient coutume de les faire juger par la Synagogue, à l'amiable. » [2]

Mais bientôt ils commencèrent à chercher les privilèges. « Le juif fut tenu exempt du service militaire, même quand il était citoyen romain. La stricte observation du sabbat aurait suffi pour lui rendre le service militaire impossible au moins dans une armée non juive. Lentulus et Dolabella voulurent bien les affranchir *d'une obligation inconciliable avec leur loi.* Le Gouvernement romain reconnut le sabbat dans une certaine mesure : il fut admis qu'on ne pourrait citer un juif en justice le jour du sabbat. » [3]

Dans les colonies romaines, notamment dans l'Afrique du Nord, les juifs avaient une situation encore plus privilégiée. C'est ce qui fait dire à Me Jacques Chalom : qu'*ils étaient assimilés aux citoyens romains.*

Jouissaient-ils du droit de citoyen? « La mauvaise foi des juifs, écrit Renan, quand il s'agit de trouver des arguments

---

[1] RENAN : *Histoire du peuple d'Israël*, t. V.

[2] RENAN, *op. cit.*

[3] RENAN, *op. cit.*

pour leur cause, les malentendus que leurs apologistes affectionnent, rendent fort difficile de dire au juste dans quelle mesure le droit de citoyen romain leur fut accordé. »

Il est certain que les juifs, toujours avides de privilèges, ne cessaient d'en demander et d'en obtenir. « Ils voulaient à la fois le droit commun et le droit séparé. »

Ce coup d'œil rapide jeté sur la situation faite aux juifs par le peuple romain nous permettra non seulement de faire un parallèle intéressant entre le droit public antique et le droit public musulman, mais encore de faire ressortir les causes inhérentes au judaïsme dans les vicissitudes de la vie politique de ses adeptes.

La situation des juifs sous la domination musulmane ne variera pas beaucoup de celle qu'ils avaient sous les Romains.

Le peuple théocratique qu'est le peuple d'Israël, qui refusait son adhésion aux cultes païens des villes romaines, alors qu'elle n'entraînait que de « faibles obligations en ce qui concerne la foi », ne pourra évidemment se fondre dans la société musulmane. Il demandera et obtiendra en pays musulmans le même régime d'exception. Il y rencontrera en outre plus de faveurs. Car si, dans l'antiquité, de graves difficultés s'élevaient sans cesse entre les juifs et les villes romaines — celles-ci exigeant leur participation aux cultes municipaux, — chez les musulmans la situation était plus tranquille, aucune obligation de ce genre ne pouvant leur être imposée.

L'Islam, comme on le sait, est à la fois une religion en tant que ses préceptes s'adressent à la conscience, et une organisation sociale en tant qu'il détermine au point de vue politique et au point de vue civil les rapports entre les individus.

Les musulmans, en établissant leur domination sur les pays conquis, y ont transporté, comme de juste, leur organisation sociale. Ils ont pratiqué à l'égard des habitants des principes de gouvernement qui s'inspiraient non seulement d'une large tolérance, mais encore d'une conception rationnelle du droit des gens. Ils n'ont pas imposé leur doctrine par le fer et le feu.

Ils n'ont pas non plus été jaloux de leur qualité de citoyens, qu'acquéraient *de plano* tous ceux qui embrassaient l'islamisme, c'est-à-dire qui optaient pour leur nationalité. En quoi ils s'étaient montrés encore plus libéraux que les Romains, qui ne concédaient pas facilement le droit de cité à l'étranger, eût-il sacrifié à toutes les divinités païennes.

A l'égard de ceux qui ne voulaient pas entrer dans leur famille, les conquérants pratiquaient un système que ne sauraient attaquer les principes les plus modernes du droit international. Tout d'abord ils laissaient aux vaincus — à l'exception des prisonniers de guerre, bien entendu — le droit de quitter le pays. Ceux qui voulaient y rester ou ceux qui venaient s'y établir dans la suite et qui ne se convertissaient pas à l'islamisme étaient divisés en trois catégories :

1° Les nationaux d'un pays étranger avec lequel les musulmans avaient de bonnes relations ou même, d'une façon plus générale, qui n'était pas en état de guerre avec eux. Ceux-là conservaient leur nationalité et leur qualité d'étrangers ;

2° Les nationaux d'un pays en état de guerre avec les conquérants. Ils étaient considérés comme prisonniers et gardés comme otages ;

3° Ceux qui ne se réclamaient d'aucune nationalité. Les conquérants leur imposaient la leur. Il n'admettaient pas le *heïmathlosat*,[1] que condamne de nos jours le droit moderne. Mais, en donnant une nationalité à cette catégorie d'individus, ils ne leur imposaient pas la qualité de citoyens. Ils en faisaient simplement des sujets, leur permettant ainsi de conserver non seulement la libre pratique de leur culte, mais aussi, dans une certaine mesure, leurs lois personnelles, leurs usages et coutumes. En compensation de ces libertés, ces sujets étaient soumis à un impôt de capitation variant suivant le degré de prospérité du pays.

Par ces quelques notions de droit public islamique, on voit combien est inexacte l'affirmation de quelques auteurs : *que les musulmans ne s'élevaient pas aux conceptions de nationalité*

---

[1] *Heïmathlosat,* état de celui qui n'est rattaché à aucune nation.

et d'égalité, fondement du régime d'Etat. [1] Pour mieux s'en convaincre, il n'y a qu'à comparer ces principes avec les règles appliquées dans le droit public moderne en matière d'annexion de territoire par conquête ou par cession et en matière de conquêtes coloniales. [2]

Maintenant, si nous revenons aux israélites de Tunisie, nous pourrons, à l'aide des principes déjà énoncés, définir leur situation politique.

Qu'était le peuple d'Israël au moment de la conquête arabe dans le nord de l'Afrique? Il y avait longtemps déjà qu'il avait commencé, avec la ruine de la Judée et la propagation du christianisme, « sa vie de peuple à être massacré », selon l'expression de Renan. Il n'avait plus de nation, il n'avait plus de patrie. Il était errant devant la persécution. Que pouvait en faire le conquérant musulman? Un citoyen, son égal? Le juif ne le voulait pas. Un étranger? Aucun pays ne le réclamait. Il en fit son sujet, et ce fut une bénédiction pour l'israélite, soustrait désormais à la persécution, jouissant, sous la protection d'un souverain puissant, de libertés très grandes. La sujétion du juif dans l'Etat musulman résulte d'une option, d'un acte de volonté libre, d'un véritable « contrat social ». Il en fut de même à l'égard des israélites qui vinrent se réfugier en Tunisie depuis le milieu du IVe siècle de l'hégire et qui furent les ancêtres de la société juive actuelle. Et pendant tout le temps que la civilisation arabe brilla de son vif éclat, le juif vécut heureux, en sujet soumis et reconnaissant, en Tunisie comme dans tout le reste de l'Empire musulman.

Comme nous sommes loin de la théorie surprenante que certains auteurs cherchent à accréditer et qui tend à prouver que les israélites, pouvant exercer librement leur culte et conservant leurs lois personnelles, formaient en Tunisie une nation juive distincte de l'Islam !

---

[1] JACQUES CHALOM: *Les Israélites de la Tunisie.* Introduction.

[2] Le cadre de ce travail ne nous permettant pas d'entrer dans de longs développements, nous renvoyons pour l'étude de ces questions au savant ouvrage de *Droit international privé* de M. André Weiss.

« Les israélites n'avaient avec les musulmans que les relations créées par les nécessités du négoce — écrit mon confrère
et ami Jacques Chalom, qui se fait l'écho de cette théorie si
peu conforme à la vérité historique..... — On peut donc dire
que deux nations et deux Etats coexistaient dans la Régence :
la nation et l'Etat israélite d'une part, la nation et l'Etat musulman d'autre part ; entre ces deux groupes politiques aucune confusion n'était possible. » [1]

Ce n'est, d'après le même auteur, qu'au xviiie siècle que s'est
formée la nationalité tunisienne en se détachant de l'ensemble
de la société islamique, sous l'influence du droit des gens
européen, que subissait la Tunisie en concluant des traités
avec tous les Etats de l'Europe. Les israélites vivant alors dans
le pays se sont vu attribuer cette nationalité.

Il est pour le moins bizarre de chercher ainsi à déterminer
la nationalité des juifs tunisiens par une vague fiction juridique
dont l'existence ne pourrait remonter à plus de deux siècles,
alors que l'histoire nous fournit des éléments indiscutables
pour apprécier la situation politique d'un peuple qui vit depuis
plus de mille ans sous l'étendard de l'Islam. La vérité est que,
depuis la conquête arabe, le juif est sujet musulman. Qu'il soit
au Maroc, en Tunisie, en Tripolitaine, en Egypte, en Turquie,
il a toujours cette qualité. Selon que ces pays d'Islam vivent
en confédérations ou se constituent en nationalités séparées,
leurs sujets juifs suivent leur sort. A aucun moment les juifs
n'ont formé dans ces Etats une nation et un Etat distincts,
pas plus en Tunisie qu'ailleurs. Ils ont eu des privilèges, ils
ont obtenu des dérogations en leur faveur au droit commun,
mais ils n'ont jamais joui de l'autonomie.

Toujours portés à surfaire leurs privilèges, disait Renan, les
juifs traduisaient l'honnête liberté dont ils jouirent au commencement de l'Empire romain en faveurs qui eussent été
exorbitantes si elles eussent été réelles. [2]

---

[1] Jacques Chalom : *Les Israélites de la Tunisie,* p. 34.
[2] Renan : *Histoire du peuple d'Israël.*

Les juifs de Tunisie, s'ils adhéraient réellement à la thèse que nous venons de réfuter, vérifieraient une fois de plus ce trait peu flatteur du caractère juif.

Condition juridique des israélites
sujets musulmans

Dans quelle situation l'Etat musulman place-t-il ses sujets israélites ?

Tout d'abord, un principe général de droit islamique, que les khalifes ont hautement proclamé, établit l'égalité, dans les droits comme dans les charges, entre les musulmans citoyens et les non-musulmans sujets, réserve faite de l'impôt de capitation imposé à ces derniers.

Ce principe d'égalité se manifeste dans la juxtaposition de deux organisations cultuelles, si je peux m'exprimer ainsi. Musulmans et juifs jouissent également de la libre pratique de leurs religions en Tunisie, comme d'ailleurs dans tous les pays d'Islam. Au droit du musulman d'ouvrir une mosquée correspond le droit pour le juif d'édifier une synagogue. Les lois civiles sont, pour ces deux peuples, respectivement tirées du Coran et de la Thora. Certaines de ces lois se rattachant plus particulièrement à la personne et aux convictions religieuses, on a laissé à chacun un égal droit de se réclamer de son statut personnel devant un magistrat de son culte, et en même temps que le cadi, le souverain a investi le rabbin.

Le principe d'égalité qui règne dans ce domaine est ce qu'on traduit de nos jours par la liberté de conscience. C'est une conception qui fut, dès l'origine, familière aux musulmans. Aussi, ce n'était pas par simple tolérance que le juif devenu leur sujet vivait en pays d'Islam et y pratiquait sa religion.[1] C'était en vertu d'un droit formellement reconnu et hautement proclamé par la loi islamique. Les rabbins, à la fois ministres du culte et magistrats, étaient investis de leur autorité, comme

---

[1] Voir, en sens contraire, Jacques Chalom : *Les Israélites de la Tunisie :* « La situation des Israélites est celle d'étrangers tolérés sur le territoire sacré de l'Islam ».

ils le sont encore de nos jours, par le souverain. La force publique prête main-forte à l'exécution de leurs sentences.

Mais ce n'est pas seulement dans le domaine des choses relevant de la conscience que le principe d'égalité est mis en pratique. Nous le retrouvons dans toute l'organisation de la vie civile.

Devant les lois qui régissent leurs rapports sociaux, le juif est l'égal du musulman. Deux cas d'inégalité existaient dans l'ancien droit : la loi du talion, quand elle entraînait la peine de mort, n'était pas appliquée contre les citoyens en faveur des sujets ; le témoignage de ces derniers n'était pas admis en justice. C'étaient là les deux seules exceptions au principe d'égalité. Le droit moderne les a d'ailleurs abolies.

Devant l'impôt, la situation des deux éléments était sensiblement différente ; cependant l'équité se substituait ici à l'égalité. Les juifs, en acceptant leur sujétion à l'Etat musulman, se soumettaient, comme nous l'avons déjà dit, à un impôt spécial. Mais du même coup, et par le seul fait qu'ils n'adhéraient pas à l'islamisme, ils échappaient au *zekat*, impôt sur le revenu que la religion musulmane impose à ses adeptes.

Plus tard, les juifs obtinrent leur exonération de l'impôt spécial de capitation et, tout en continuant à échapper au zekat, ils devinrent égaux avec les musulmans devant le fisc. Il y a longtemps déjà qu'en Tunisie les impôts directs et indirects frappent également les citoyens et les sujets. La medjba ne s'applique-t-elle pas à tous les indigènes sans distinction de religion, et les juifs des cinq villes (Tunis, Sousse, Kairouan, Sfax et Monastir) ne sont-ils pas exemptés de cet impôt comme leurs compatriotes musulmans ?

Si nous passons maintenant à une obligation essentielle à laquelle sont soumis les habitants d'un pays et que nous appellerons l'obligation de faire la guerre, nous trouvons le principe d'égalité battu en brèche par les israélites.

Le juif qui, dans l'Empire romain, s'était fait exempter du service militaire, même quand il était citoyen, ne renoncera pas à ce privilège sous la domination musulmane. « Homme de boutique et de comptoir », il n'aime pas la guerre. Comme disait Renan : il veut les avantages des nations, sans être une nation, sans participer aux charges des nations. [1] Et la plus importante de ces charges est l'impôt du sang. Il l'a évité à Rome, sous prétexte que cette obligation était inconciliable avec sa loi religieuse : il continuera à l'éviter partout. D'ailleurs, l'Etat musulman ne la lui imposait pas.

Est-ce à dire que l'Islam refuse l'enrôlement sous ses drapeaux des sujets non musulmans. Certains israélites prétendent aujourd'hui que si leurs coreligionnaires ne font pas le service militaire, c'est uniquement parce que la loi musulmane s'y oppose ! C'est là une assertion inexacte : nous ne connaissons aucune disposition de la loi comportant cette prohibition. Au contraire, l'exemple n'est pas rare, dans l'histoire des conquêtes musulmanes, de la participation d'éléments non musulmans — je ne dis pas juifs — à la guerre. Tout récemment encore, l'obligation du service militaire ne vient-elle pas d'être étendue en Turquie à tous les sujets de l'Empire sans distinction de religion ?

La question de savoir si les israélites, sujets musulmans, avaient accès à des fonctions de l'Etat, ne peut se poser pour la Tunisie d'une façon précise que dans la période contemporaine. En effet, jusque dans les temps les plus modernes, l'organisation administrative du pays n'était qu'imparfaitement constituée. Néanmoins, la loi musulmane admet l'accession des sujets non musulmans aux plus hautes fonctions laïques de l'Etat, à l'exception de celles de waly de province et de général ayant le commandement suprême en temps de guerre.

Maintenant, si nous nous en tenons à la période qui précède l'occupation française, nous trouvons les israélites admis dans les postes administratifs pour lesquels ils avaient les aptitudes voulues. C'est ainsi que le Receveur général des Finances, les Receveurs particuliers, les Receveurs des Douanes étaient tous des juifs. L'Administration centrale du Gouvernement comptait des interprètes et des rédacteurs israélites.

Certes, ces fonctionnaires n'étaient pas nombreux, mais cela ne tenait nullement à une interdiction d'accéder aux fonc-

---

[1] *Les Origines du Christianisme :* « L'Antéchrist »

tions administratives. La cause en était surtout dans la diffi-
culté pour les israélites d'acquérir les connaissances nécessaires pour occuper ces situations. Il fallait être instruit dans la
langue du pays : l'arabe. D'autre part, le juif est surtout com-
merçant. Esprit pratique, il préfère l'argent aux honneurs. Les
fonctions administratives, peu rétribuées, n'étaient pas faites
pour le tenter.

Dans la vie publique, les juifs étaient représentés dans les
conseils du Gouvernement par un caïd, agent du Bey, assi-
milé au *lioua* de la Driba (préfet de police).

D'une façon plus générale, la loi musulmane, qui impose
au souverain l'obligation de prendre l'avis du peuple, admet
les sujets non musulmans à siéger dans les assemblées consul-
tatives.

Nous avons ainsi passé en revue les organisations fondamen-
tales de l'Etat : pratique des cultes, justice, impôt, service militaire, administration, vie publique. La notion précise qui se
dégage de cet examen c'est qu'en réalité l'islamisme, considéré
en tant qu'organisation sociale, réserve peu de privilèges à ses
adeptes. Il traite, dans la vie civile, presque sur un même pied
d'égalité le citoyen musulman et le sujet non musulman.

La situation politique des israélites tunisiens ainsi définie
conformément aux principes généraux du droit public, nous
abordons maintenant l'examen des causes inhérentes au judaïsme dans l'évolution de la société juive au sein de l'Etat
musulman.

C'est un facteur que les publicistes israélites oublient toujours quand ils dressent le bilan de leur situation actuelle. A
les entendre, ce sont les musulmans qui sont coupables de
tous les péchés d'Israël. Ils se plaisent à énumérer toutes les
imperfections d'une société qui a pour base d'organisation
une théocratie étroite. Mais ils oublient que la société juive est
de même essence. Ils oublient que le *peuple élu* a une constitution sacerdotale et que ses lois découlent de la Thora, dont
certains textes soumettent l'étranger, c'est-à-dire le non-
juif, à une servitude perpétuelle. Ils oublient surtout que leur
religion portait en elle les germes de leur isolement dans les
sociétés où ils furent amenés à vivre. « Je suis l'Eternel votre

Dieu, dit la Loi, qui vous ai séparés des autres peuples. » De là, les ghettos, la *Porta Portese* à Rome, la Hara à Tunis. « Ces exclusions, ces cadenas du ghetto, ces costumes à part, sont choses injustes, écrivait Renan ; mais qui les a d'abord voulues ? Ceux qui se croyaient souillés par le contact des païens, ceux qui cherchèrent pour eux la séparation, la société à part. Le fanatisme a créé les chaînes et les chaînes ont redoublé le fanatisme. »[1]

Aujourd'hui encore, à Tunis, exception faite de quelques centaines, tout au plus, de jeunes gens émancipés, ne voyons-nous pas les juifs refuser de toucher aux mets préparés par les musulmans, préférant manger un morceau de pain sec plutôt que de s'asseoir à notre table ?

La synagogue est le centre de gravitation de la société juive. C'est autour de leur temple que les israélites se groupent. Ils ne se mêlent presque pas au peuple au milieu duquel ils vivent et dont ils adoptent pourtant le langage, le vêtement, les usages et les coutumes.

Tout en restant en marge des nations chez lesquelles ils s'établissent, ils veulent, comme nous l'avons déjà dit, en avoir tous les avantages sans en supporter les charges. « Les nations sont des créations militaires fondées et maintenues par l'épée ; elles sont l'œuvre de paysans et de soldats ; les juifs n'ont contribué en rien à les établir. Là est le grand malentendu dans les prétentions israélites. »[2]

Il est donc essentiel, lorsqu'on veut analyser les causes profondes qui ont déterminé la forme actuelle de la société juive, de se préoccuper tout autant de la loi hébraïque que de la loi musulmane et des caractères propres au peuple d'Israël.

Usant de cette méthode, nous pouvons tirer de l'étude que nous venons de faire des conclusions importantes.

Tout d'abord, le juif de ce pays a toujours été un sujet du souverain musulman de Tunisie. Cette constatation a sa valeur quand il s'agit de discuter la prétention des israélites d'être

___

[1] Renan : *Les Origines du Christianisme :* « L'Antéchrist.»
[2] Renan : *Op. cit.*

soustraits à leur justice naturelle, comme nous le verrons tout à l'heure. D'ailleurs, nous avons été amenés à développer cette question pour répondre à tout un chapitre de vingt pages que lui consacre notre ami Jacques Chalom dans sa thèse : *Les Israélites de la Tunisie;* cet ouvrage constituant le seul document sérieux auquel on puisse se référer pour connaître, d'une façon précise, les aspirations nouvelles de la population israélite.

La deuxième conclusion à laquelle nous arrivons ensuite est que, dans le dernier état du droit, et notamment depuis la Constitution de 1856, le juif est absolument l'égal du musulman. Naturellement, nous faisons abstraction de l'exemption du service militaire, qui est presque un privilège naturel des israélites.

Rattachement des israélites tunisiens à la juridiction française

Nous pouvons maintenant, avec tous ces éléments d'appréciation, aborder la discussion du vœu des israélites tendant à leur rattachement aux tribunaux français. Quelles sont les causes qui ont déterminé ce nouvel état d'esprit, quelles sont les raisons données par les juifs tunisiens pour se soustraire à leur justice naturelle?

L'agitation autour de cette question a commencé quelque temps après les derniers troubles antisémites d'Algérie. C'est un fait significatif.

Jusqu'alors, tout autre était l'ambition des jeunes israélites. Ils ne s'inquiétaient guère de la justice indigène. C'était à la porte de la naturalisation qu'ils voulaient frapper. C'était le sort de leurs coreligionnaires algériens qu'ils enviaient. Ils souhaitaient sinon un nouveau décret Crémieux, tout au moins une mesure leur accordant une naturalisation presque automatique au vu de quelques grades universitaires français.

Il n'y avait là, d'ailleurs, rien qui étonnât les musulmans. Nous nous attendions à voir les juifs, une fois en contact avec les Français, se proclamer les fils de la Gaule. C'était une évolution fatale, parce que conforme à la mentalité et au caractère propre du peuple d'Israël.

La nation du juif est celle qui lui offre le plus d'avantages. Les juifs fugitifs qui débarquaient il y a quelques siècles sur le sol tunisien, trouvant en ce pays la terre promise, se soumettaient à ses lois et bientôt adoptaient la langue, le costume et les mœurs de ses habitants. Aujourd'hui, il s'établit en Tunisie une classe de privilégiés, celle des Français, et naturellement les israélites veulent en être. Et tôt ou tard ils en seront. Facilement assimilables, ils prendront l'empreinte française, comme ils ont pris jadis l'empreinte tunisienne.

Rien ne les en empêche, ni les traditions, ni l'histoire du pays où ils ont vécu. « Honnêtes, laborieux, aptes aux petites fonctions, écrivait Renan à propos des juifs déportés par les rois de Syrie, ils servaient d'assises à une excellente bourgeoisie. Peuple, ils ne l'étaient guère, paysans jamais ; la campagne et les pays barbares étaient pour eux comme n'existant pas ; mais comme hommes d'ordre, comme sujets fidèles, ils n'avaient pas d'égaux. Ils prenaient vite racine dans le pays et regardaient comme leur patrie les pays où ils étaient nés. Les souverains leur conféraient des privilèges. Jalousés par le reste de la population, ils se mêlaient peu des questions dynastiques, étant toujours pour le plus fort. La fidélité au souverain légitime était une des qualités dont ils se vantaient le plus. Il est vrai qu'ils n'étaient jamais avec les révolutionnaires ; mais, naturellement, quand le souverain était tombé, ils ne couraient pas après lui et ils assuraient son successeur du même attachement. » (RENAN. *Histoire du peuple d'Israël.*)

Nous retrouvons aujourd'hui les mêmes traits dans le caractère des juifs vivant encore en communauté séparée au milieu des Etats qui les ont laissé conserver leur individualité. Voilà d'ailleurs pourquoi ils sont en ce moment « les seuls à demander aux pouvoirs publics de pratiquer en Tunisie une politique d'assimilation française », comme le dit fort bien notre ami Chalom. C'est ainsi que ce dernier a pu écrire : « Les traditions nationales que les Arabes vénèrent sont, pour les israélites, le legs d'un passé détesté, d'un régime légal dont ils désirent s'affranchir. La France voudra-t-elle améliorer la situation de ses protégés en leur imposant ses lois et sa civilisation, elle ne rencontrera de la part des israélites aucune opposition..... Ils renonceraient volontiers à leur statut personnel ». [1] « A l'école leurs sentiments deviennent français, ajoute M. Smaja, et c'est pourquoi il serait logique de les soumettre aux lois françaises. » [2]

Certes, l'indigène musulman le plus fortement imprégné des idées françaises ne peut tenir un pareil langage. Une transformation aussi complète dans l'espace de vingt ans ne lui est guère possible. D'ailleurs, il ne la désire pas. Il ne tient nullement à perdre son individualité, à renier ses traditions et les sentiments de sa race.

Nos compatriotes israélites resteront donc longtemps seuls à prétendre qu'ils sont Français de cœur et d'âme et mûrs pour entrer dans la famille française. Cependant, la France, considérant peut-être que cette assimilation est trop hâtive pour être profonde, ne semble pas disposée à la consommer par l'octroi facile et automatique de la qualité de citoyen. « Chat échaudé craint l'eau froide », dit un vieux proverbe. Le décret Crémieux a coûté trop cher en Algérie pour qu'on veuille le renouveler en Tunisie !

La jeunesse israélite l'a compris, surtout lorsque les troubles antisémites qui ont agité la colonie voisine ont créé un mouvement d'opinion peu sympathique aux juifs. Elle a prévu le choc qui se produirait à la manifestation de son ambition. Il fallait éviter l'écueil : elle ne parla plus de naturalisation. Mais elle n'abandonna point ses visées. N'osant attaquer la place de front, elle essaya de la tourner.

C'est alors que fut imaginée l'extension de la juridiction française aux juifs tunisiens. Dans l'esprit de ses promoteurs, cette réforme, si elle était admise, serait un acheminement certain vers la naturalisation. En effet, détachés de la justice indigène, les israélites seraient assimilés, sous le rapport juridictionnel, aux étrangers résidant en Tunisie.

Déjà les publicistes juifs cherchent, par les déductions les plus subtiles et les moins juridiques, à renier leur nationalité

---

[1] JACQUES CHALOM : *Les Israélites de la Tunisie.*
[2] Opinion rapportée dans le même ouvrage.

tunisienne et à faire admettre qu'ils ont toujours vécu en étrangers dans ce pays. Nous avons vu tout l'avantage qu'ils tirent, en faveur de cette thèse, des libertés dont jouit la communauté juive dans l'Etat musulman.

Le mot Etat, employé par extension par certains auteurs (Lapie) pour désigner cette organisation sociale dont ils ne s'occupent qu'à un point de vue purement psychologique, a abusé quelques écrivains israélites. Nous avons longuement réfuté leurs théories peu juridiques sur la prétendue exterritorialité des juifs établis dans ce pays. Mais si ces derniers venaient à être rattachés à la juridiction française, qui n'est, au fond, que la somme des juridictions consulaires, c'est-à-dire étrangères, leur situation au point de vue international, aujourd'hui nettement définie, serait alors des plus bizarres : d'un côté, ils resteraient Tunisiens, supportant les charges et jouissant des avantages attachés à cette qualité ; d'un autre côté, ils seraient considérés comme étrangers en tant qu'ils relèveraient des tribunaux français, et cesseraient ainsi d'être soumis à un attribut essentiel de la souveraineté du Bey.

Peut-on concevoir l'existence d'une souveraineté ainsi décapitée à l'égard d'une fraction de régnicoles d'un pays ?

Et cinq ou dix ans après qu'on aura instauré un système aussi bâtard, si peu conforme aux principes du droit international, sera-t-on étonné de voir surgir de nouveaux apôtres de la cause juive qui crieront, haut cette fois : Que sommes-nous ? Français ou Tunisiens ? Et comme ils ne seront alors, juridiquement parlant, ni de l'une ni de l'autre nationalité, ils manifesteront bruyamment leur mécontentement d'un régime qui les aura placés hors le droit commun et dont ils ne manqueront pas de faire ressortir les inconvénients. Ils se poseront en victimes, en parias d'une société qui ne leur reconnaît aucune nationalité précise.

Que répondra alors la France ? Fera-t-elle machine en arrière en rendant les juifs à la justice tunisienne ? Ce n'est guère probable, ni même possible. Elle sera donc obligée d'ouvrir toute grande la porte de la naturalisation aux cent mille juifs qui vivent en Tunisie.

Tel est, au fond, le plan de nos compatriotes israélites. Il est, comme on le voit, d'ordre purement politique.

Nous ne leur reprochons guère leur désir de devenir Français. Ils ont leurs aspirations, comme nous avons les nôtres. Leurs ambitions sont légitimes parce qu'elles sont conformes à leur mentalité et à leurs intérêts. Avec nous, ils ne seront toujours que des protégés français ; mais, devenant citoyens du pays protecteur, ils jouiront en Tunisie des avantages appréciables attachés à cette qualité. Ils cherchent donc à se séparer de nous au plus tôt. C'est leur droit, et nous n'avons jamais émis la prétention de le leur contester.

Mais ce que nous leur reprochons, c'est de faire de nous leur *bouc émissaire*. Pour servir leur cause, ils n'ont pas hésité à nous piétiner. Depuis bientôt trois ans que s'est constituée la presse israélite de Tunis, les musulmans sont sans cesse attaqués avec une violence et un acharnement inexplicables.

Le procédé était peu digne. Il était même impolitique. L'ingratitude des israélites envers leurs protecteurs de la veille est de nature à suggérer bien des réflexions aux Français.

Ils ont blessé les sentiments d'une nation dont les lois et les gouvernements ont toujours accordé à la communauté juive de grandes libertés et une protection efficace. Certes, la masse ignorante du peuple en Tunisie a une vieille antipathie pour les juifs. C'est d'ailleurs un sentiment qui n'a rien de spécial aux musulmans. Il est, peut-on dire, universel et remonte à la plus haute antiquité. « L'antipathie contre les Juifs, dit Renan, était, dans le monde antique, un sentiment si général qu'on n'avait nul besoin d'y pousser. Cette antipathie marque un des fossés de séparation qu'on ne comblera peut-être jamais. » [1]

En Tunisie, ce sentiment ne s'est réellement manifesté qu'à partir de la conquête espagnole. L'histoire nous en donne la raison. Les juifs, oubliant les persécutions, les horreurs de l'Inquisition, les bûchers, la fuite désordonnée d'Espagne, [2]

---

(1) *Les Origines du Christianisme* : « L'Antéchrist ».

(2) L'histoire des juifs en Espagne constitue la partie la plus importante, et à coup sûr la plus intéressante, de leur histoire générale dans les temps modernes. Nulle part ils n'ont atteint un si haut degré de prospérité, de lumières, d'influence ; nulle part ils n'ont éprouvé de catastrophe aussi

l'hospitalité reçue en Tunisie, s'étaient empressés de se ranger du côté des Espagnols vainqueurs, affichant leur mépris pour leurs bienfaiteurs vaincus.

C'est ce qu'après l'effondrement de la domination espagnole le peuple tunisien ne leur a jamais pardonné. Mais les sentiments de la masse n'ont pu influer sur la loi, qui est restée telle que nous l'avons déjà définie. Bien plus, la classe éclairée et les gouvernements musulmans qui se sont succédé depuis n'ont cessé de réagir contre cet esprit d'hostilité et ont toujours protégé les juifs contre les excès de la populace. Et ils l'ont fait parce que la religion et la loi, loin de traiter les sujets israélites en êtres inférieurs voués à tous les mépris, imposent au contraire le respect de leurs croyances, de leurs personnes, de leurs biens, en les mettant devant le juge sur le même pied d'égalité que les fidèles.

Et, en effet, pas plus aujourd'hui qu'autrefois, les tribunaux indigènes n'établissent une différence entre leurs justiciables musulmans et israélites. Ces derniers ne sont pas sacrifiés, comme certains le prétendent, sans cependant citer d'exemples précis.

Il est vrai que l'organisation de la Justice tunisienne laisse beaucoup à désirer. Mais tous ses ressortissants en souffrent également, et les musulmans peut-être encore plus que les juifs.

En effet, l'activité de ces derniers se manifeste surtout dans les affaires commerciales, qui sont presque toujours dévolues aux tribunaux français, en raison de la participation de maisons européennes, ne fût-ce que les banques. Paiement d'effets de commerce, liquidation judiciaire, faillite, autant d'opérations qui ressortissent à la juridiction française. Il faut, en outre, noter que le juif n'est ni agriculteur, ni propriétaire rural. Il ignore les actions possessoires et les contrats de sociétés agricoles. Il est surtout prêteur d'argent, mais ses opérations sont toujours constatées par une *adala* (obligation

---

vaste, aussi éclatante. Heureux et libres pendant la domination maure, ils ont été persécutés, brûlés, chassés définitivement sous les rois chrétiens. — Isidore Cahen, *Archives Israélites,* mars 1861.

notariée) qui passe en justice comme une lettre à la poste. On voit donc qu'en matière civile, les juifs ont peu de relations avec les tribunaux indigènes.

En matière pénale, ils en ont encore moins, et c'est là une constatation qui est à leur louange. La société juive ignore presque complètement la grande criminalité. C'est ainsi que le nombre des israélites poursuivis pour crime devant l'Ouzara en 1908 est d'à peine 15, sur lesquels 10 ont été acquittés. Dans la même année, près de 400 israélites ont passé devant les tribunaux correctionnels indigènes de toute la Régence. Sur ce nombre, plus de 200 ont été acquittés, environ 100 autres ont été condamnés à l'amende et 100 seulement condamnés à des peines diverses d'emprisonnement.

Les griefs formulés par les juifs à l'encontre de la justice indigène sont de deux sortes. Les uns sont d'ordre général; ainsi, la confusion des pouvoirs, l'absence de codes, le mauvais recrutement des magistrats, sont autant d'abus dont se plaignent tous les justiciables des tribunaux tunisiens.

Nul autant que nous ne s'est attaché à les dévoiler et à en faire connaître les conséquences funestes. La campagne menée par *le Tunisien* depuis sa fondation en est la meilleure preuve.

Ah! si nos compatriotes israélites ne visaient qu'à avoir une bonne justice, ils n'auraient eu qu'à nous suivre dans cette voie et à joindre leurs efforts aux nôtres pour faire aboutir la réforme. Mais, comme nous l'avons dit, ils poursuivaient un autre but. Pour l'atteindre, il fallait discréditer encore davantage la justice indigène en relevant contre elle des charges d'un autre genre, pouvant rendre suspecte son impartialité à l'égard des israélites. De là, le prétendu fanatisme des juges, qui est depuis trois ans le cheval de bataille de *la Justice* et du *Défenseur*. Le caractère religieux des lois appliquées par ces magistrats est encore un argument qu'on met toujours en avant.

Nous n'entreprendrons pas de discuter ces allégations inspirées surtout par les besoins de la cause : notre ami Guellaty a mis les choses au point dans son étude sur la Justice tunisienne.[1] Nous nous contentons de signaler une certaine inconséquence de la part de ceux qui réclament leur rattachement à la juridiction française.

Ils prétendent ne pas vouloir de la loi musulmane. Nous pourrions faire valoir que cette loi est celle du pays où ils ne constituent qu'une infime minorité et où ils ont accepté de vivre ; il nous suffira de leur demander de quel droit ils pourraient un jour soustraire les musulmans à leur législation et à leurs tribunaux. Car, en effet, les juifs, une fois rattachés à la justice française, entraîneront les indigènes qui auront affaire avec eux devant cette juridiction. Dès lors, pourquoi retirer à près de deux millions de Tunisiens le droit de porter devant leurs juges naturels leurs procès avec les juifs originaires de leur pays, pour concéder à ces derniers, au nombre de cent mille au plus, la faculté de les citer devant une juridiction d'option? Qu'y a-t-il donc de changé dans les mœurs de la plupart des juifs tunisiens qui puisse justifier ce renversement des rôles? Et pour qu'on ne suspecte pas notre appréciation, citons les paroles de Me Nissim Samama, avocat à la Cour d'appel de Paris, qui connaît à fond les mœurs et la mentalité de ses coreligionnaires de Tunisie et qui a présenté au Congrès de l'Afrique du Nord une étude très documentée sur la question qui nous occupe.

Tout d'abord, Me Nissim Samama répartit les israélites de Tunisie en trois catégories. La première est formée des jeunes gens — une cinquantaine tout au plus — qui ont reçu une instruction supérieure dans les écoles françaises. La deuxième comprend un millier environ de jeunes gens « qui sont francisés en partie, bien que n'ayant pas fait d'études supérieures. Ils appartiennent pour la plupart au monde du commerce, de la banque et de l'industrie ». Enfin, la troisième catégorie comprend la presque totalité des israélites tunisiens. « Bien que beaucoup d'entre eux, écrit Me Nissim Samama, surtout les hommes, commencent à parler plus ou moins correctement » — nous dirions plutôt *incorrectement* — « le français et aient

---

(1) Hassan Guellaty : *La Justice Tunisienne*, pages 47 et 48 de la présente brochure.

quelquesrapportsavecla coloniefrançaise de Tunis,on peutaf-
firmer qu'ils ne se sont jamais européanisés qu'en très faible
partie et que leur mentalité est restée, à peu de chose près,
ce qu'elle était avant l'institution du Protectorat. Ils continuent, pour la plupart, à vivre dans les quartiers spéciaux
habités presque uniquement par les israélites. Leurs femmes
et eux-mêmes souvent continuent à s'habiller à l'arabe. Ils
ont conservé les mêmes habitudes qu'auparavant. Leurs fêtes
religieuses sont célébrées avec le même cérémonial et les
mêmes préjugés qu'il y a cinquante ans. Ils ne connaissent
presque rien de notre littérature, de notre théâtre, de nos
mœurs, de notre civilisation, en un mot de tout ce qui forme
l'esprit français.

« Profondément attachés aux idées traditionnelles et religieuses, ils ne comprennent l'organisation de la famille et le
statut personnel que suivant les règles de la loi mosaïque. » [1]

A un autre point de vue, le vœu des juifs de ressortir à la
juridiction française ne va-t-il pas à l'encontre des traités les
plus formels conclus entre la France et S. A. le Bey, ainsi que
l'a suffisamment démontré notre ami Guellaty dans son étude
sur la Justice tunisienne? [2] « Enlever au Bey le droit de juridiction sur ses sujets, écrit encore Me Nissim Samama, l'honorable avocat à la Cour d'appel de Paris, c'est lui retirer d'emblée
la seule prérogative qui lui reste en tant que juge. Ce n'est pas
là le faire *procéder à des réformes* (dans les termes de l'art. 1er
de la Convention du 8 juin 1883), c'est tout bonnement le
spolier de tous ses droits. »

---

(1) *De la naturalisation française des israélites tunisiens et, accessoire-
ment, de la juridiction des tribunaux français.* Communication faite au
Congrès de l'Afrique du Nord (octobre 1908).

(2) HASSAN GUELLATY: *La Justice tunisienne*, pages 45 *in fine* et 46 de la
présente brochure.

CONCLUSION

Et maintenant, concluons nettement.

La campagne des juifs en faveur de leur rattachement à la juridiction française est une manœuvre politique. Ses auteurs s'efforcent tout d'abord de faire naître une équivoque au sujet de la véritable nationalité des israélites indigènes. Ils cherchent ensuite à égarer l'opinion publique en présentant ces derniers comme victimes du fanatisme des lois et des juges musulmans. Mais ils ne s'aperçoivent pas que leurs théories et leurs allégations vont à l'encontre de l'histoire et de la réalité. Ces considérations ne les arrêtent guère. Ils s'inquiètent peu des moyens pourvu qu'ils puissent atteindre leur but.

Et ce but, dissimulé avec soin, n'est autre que la naturalisation en masse des juifs tunisiens, que rendra inévitable leur rattachement aux Tribunaux français. Ils ne peuvent le crier trop haut, de crainte de soulever des protestations unanimes. Mais nous ne sommes pas tenus à une pareille réserve. Les attaques dirigées contre nous depuis quelques années par la presse juive nous donnent le droit d'intervenir dans le débat. Nous en avons usé en cherchant, par cette étude, à remettre les choses au point.

Nous croyons avoir suffisamment démontré que les israélites indigènes appartiennent bien à la nationalité tunisienne, qui leur confère aujourd'hui les mêmes droits qu'aux musulmans. S'ils souffrent des imperfections de la justice locale, ces derniers en souffrent autant qu'eux et même davantage. Ils n'ont qu'à joindre leurs efforts aux nôtres pour obtenir des réformes. Mais leur désir de se soustraire à la justice indigène, tout en restant Tunisiens, est en contradiction avec toutes les conceptions du droit international et se heurte à la Convention de 1883, qui constitue la charte du Protectorat.

Ceux parmi eux qui croient avoir évolué, et estiment qu'ils remplissent aujourd'hui les conditions voulues pour entrer dans la famille française, pourront se faire agréer *individuellement* par la France! Mais la masse juive, dont la naturalisation hàtive serait désastreuse pour le pays, devra rester longtemps encore tunisienne. Elle n'a qu'à réclamer tous les droits attachés à cette qualité, au cas où elle en serait privée, et elle nous trouvera avec elle.

En effet, notre attitude à l'égard des israélites indigènes a toujours été nette: nous les considérons comme nos concitoyens, ayant les mêmes droits que nous de participer à la vie publique et à l'administration de notre pays commun. C'est, d'ailleurs, le langage que nous avons toujours tenu et auquel nous avons conformé la politique de notre organe *Le Tunisien*.

A. BACH-HAMBA,

Avocat,

Directeur du *Tunisien*.

TABLE